NEW CENTURY CHINESE

新世纪汉语

第一册

Book One

主编：吴小洲　廖荣容

Xiaozhou Wu, Rongrong Liao

北京语言文化大学出版社

（京）新登字 157 号

图书在版编目（CIP）数据

新世纪汉语. 第 1 册/吴小洲，廖荣容主编.
- 北京：北京语言文化大学出版社，2001
ISBN 7 - 5619 - 0965 - 9
Ⅰ. 新…
Ⅱ. ①吴…②廖…
Ⅲ. 对外汉语教学 - 教材
Ⅳ. H195.4
中国版本图书馆 CIP 数据核字（2001）第 043890 号

Copyright ⓒ2000 by the compiling group of New Century Chinese. All rights reserved. No part of this book may be reproduced or distributed in any form or by any means, or stored in a data base or retrieval system, without the prior written permission of the publisher.

责任校对：武志超
责任印制：汪学发
出版发行：北京语言文化大学出版社
社　　址：北京海淀区学院路 15 号　邮政编码 100083
网　　址：http://www.blcup.com
　　　　　http://www.blcu.edu.cn/cbs/index.htm
印　　刷：北京北林印刷厂
经　　销：全国新华书店
版　　次：2001 年 8 月第 1 版　2001 年 8 月第 1 次印刷
开　　本：787 毫米×1092 毫米　1/16　印张：16.25　彩插：1
字　　数：321 千字　印数：1 - 3000
书　　号：ISBN 7 - 5619 - 0965 - 9/H·01068
　　　　　04200
发行部电话：010 - 82303651　82303591
　　　传真：010 - 82303081
E-mail: fxb@blcu.edu.cn

Kètáng Yòngyǔ
课堂用语/課堂用語

CLASSROOM EXPRESSIONS

Jiàoshī Yòngyǔ
一、教师用语/教師用語   Expressions For the Teacher

    Qǐng dǎ kāi shū, fān dào dì ＿＿ yè.
1) 请 打 开 书, 翻 到 第 ＿＿ 页。
    请 打 開 書, 翻 到 第 ＿＿ 頁。

1) Please open (your) books, and turn to page ＿＿.

    Qǐng hé shang shū!
2) 请 合 上 书!
    請 合 上 書!

2) Please close (your) books!

    Qǐng gēn wǒ niàn/shuō.
3) 请 跟 我 念/说。
    請 跟 我 唸/説。

3) Please read aloud / say after me.

    Qǐng gēn wǒ chóngfù yí biàn.
4) 请 跟 我 重复 一 遍。
    請 跟 我 重複 一 遍。

4) Please repeat once more after me.

    Dàjiā dōu dǒng le ma?
5) 大家 都 懂 了 吗?
    大家 都 懂 了 嗎?

5) Have you all understood?

    Nǐmen dǒng bu dǒng?
6) 你们 懂 不 懂?
    你們 懂 不 懂?

6) Do you understand?

    Zánmen yìqǐ lái zuò ba.
7) 咱们 一起 来 作 吧。
    咱們 一起 來 作 吧。

7) Let's do it together then.

I

8) Qǐng yòng Zhōngwén huídá wǒ de wèntí.
请 用 中文 回答 我 的 问题。
請 用 中文 回答 我 的 問題。
8) Please answer my question in Chinese.

9) Xiànzài qǐng kàn hēibǎn/tóuyǐng yínmù.
现在 请 看 黑板/投影 银幕。
現在 請 看 黑板/投影 銀幕。
9) Now, please look at the blackboard / the screen.

10) Qǐng nín dàshēng yìdiǎnr, hǎo ma?
请 您 大声 一点儿, 好 吗?
請 您 大聲 一點兒, 好 嗎?
10) Would you speak a little louder, please?

11) Qǐng nǐmen ná chū zhǐ hé bǐ lái.
请 你们 拿 出 纸 和 笔 来。
請 你們 拿 出 紙 和 筆 來。
11) Please take out your paper and pens.

12) Shéi (hái) yǒu wèntí?
谁 (还) 有 问题?
誰 (還) 有 問題?
12) Who (still) has a question?

13) Qǐng zài tīng/niàn/shuō/xiě yí biàn.
请 再 听/念/说/写 一 遍。
請 再 聽/唸/説/寫 一 遍。
13) Please listen to / read aloud / write it again.

14) Xiànzài kāishǐ ba.
现在 开始 吧。
現在 開始 吧。
14) Now let's begin.

15) Qǐng jìxù.
请 继续。
請 繼續。
15) Please continue.

16) Qǐng zhùyì fāyīn/shēngdiào.
请 注意 发音/声调。
請 注意 發音/聲調。
16) Please pay attention to your pronunciation / tones.

17) Qǐng bié shuōhuà le.
请 别 说话 了!
請 別 説話 了!
17) Please stop talking.

II

　　　　Hǎo, xiànzài xiūxi yíxiàr.
18) 好， 现在 休息 一下儿。
　　　好， 現在 休息 一下兒。

　　　　Qǐng bǎ liànxí jiāo gěi wǒ.
19) 请 把 练习 交 给 我。
　　　請 把 練習 交 給 我。

　　　　Jīntiān de zuòyè shì dì ____ yè,
20) 今天 的 作业 是 第 ____ 页，
　　　今天 的 作業 是 第 ____ 頁，

　　dì ____ tí.
　　第 ____ 题。
　　第 ____ 題。

18) Well, (let's) have a break.

19) Please turn in your exercises.

20) Today's work is found on page ____, number ____.

III

二、学生用语 / 學生用語 Xuésheng Yòngyǔ Expressions For the Students

1) Lǎoshi, wǒ (hái) yǒu yí ge wèntí.
   老师，我（还）有一个问题。
   老師，我（還）有一個問題。
   1) Professor, I (still) have a question.

2) Qǐng wèn, xiànzài wǒmen zài duōshǎo yè?
   请问，现在我们在多少页？
   請問，現在我們在多少頁？
   2) Excuse me, but on which page are we now?

3) Duìbuqǐ, wǒ bù zhīdao.
   对不起，我不知道。
   對不起，我不知道。
   3) I'm sorry, I don't know.

4) Duìbuqǐ, wǒ wàng le.
   对不起，我忘了。
   對不起，我忘了。
   4) I'm sorry, I've forgotten it.

5) Wǒ (háishì) bù dǒng. / Wǒ (háishì) bù míngbai.
   我（还是）不懂。/ 我（还是）不明白。
   我（還是）不懂。/ 我（還是）不明白。
   5) I (still) don't understand. / I still don't get it.

6) Nín zài jiěshi yí biàn, hǎo ma?
   您再解释一遍，好吗？
   您再解釋一遍，好嗎？
   6) Would you please explain it again?

7) Qǐng wèn, "love" zài Hànyǔ lǐ zěnme shuō?
   请问 "love" 在汉语里怎么说？
   請問 "love" 在漢語裡怎麼說？
   7) May I ask, how to say "love" in Chinese?

8) Qǐng nín shuō/niàn de màn yìdiǎnr, hǎo ma?
   请您说/念得慢一点儿，好吗？
   請您說/唸得慢一點兒，好嗎？
   8) Would you speak / read aloud a little bit slower, please?

IV

The Abbreviations in This Book

n — noun
pron — pronoun
prep — preposition
v — verb
v.o — verb-object
op.v — optative verb
a — adjective
ad — adverb
conj — conjunction
n.w — numeral word
m.w — measure word
int — interjection
part — particle
a.p — aspect particle
s.p — structural particle
m.p — modal particle
pref — prefix
suf — suffix

ACKNOWLEDGEMENT

It has been commonly acknowledged that very few authors could publish their books, including textbooks, without any help from other people. Therefore, it almost goes without saying that the New Century Chinese could not have been possible without the necessary and timely assistance from many friends and colleagues. As authors of New Century Chinese, we would like to bow our thanks to those people, who have profusely and generously provided us with various kinds of invaluable assistance in planning, material collecting, critiquing, revising, illustrating, classroom-testing, and publishing of the present beginning college-level textbook program. Our first thanks go to Ms Xie Yi of Beijing People's University, who has taken an active part in the initial planning of the program. Our most sincere thanks also go to Ms Liu Zhuo of the Chinese Consulate General at Los Angeles, who has provided us with the most up-to-date information and materials about Chinese politics, economy, geography, culture, history and current affairs. We would like to thank Dr. Teresa Cortey of Glendale College, who has meticulously read and carefully polished the first draft of the grammar notes of Book One. We also would like to say "thank you" to Mr. Guo Shukun, who has drawn a large number of vivid and humorous illustrations for our textbooks. What is more, we want to express our heartfelt thanks to the enthusiastic and cooperative students of Chinese from Santa Monica College and University of California at Irvine, where the simplified version and the traditional version of the textbooks have been classroom-tested respectively during their tentative period of revision. Finally, our warmest thanks should go to our managerial editor, Mr. Wang Biao, without whose professional expertise, suggestions and assistance, the New Century Chinese could not have come to existence in such a short time.

The present book is the result of the cordial collaboration of the following people, who have participated in planning, compiling, revising and assisting in its publication:

Participants:

　　Emily Huang (UCI), Audrey Li (USC), Rongrong Liao (UCLA), Bingfu Lu (SMC), Cathy Wei (PCC), Xiaozhou Wu (SMC) and Ying Yang (UCI).

CONTENTS

Preface ·· (*1*)

Preliminary: Pronunciation Guide & Spelling Rules ································ (*3*)

STEP ONE   Introduction & Greetings ··· (1)

I. Oral Activities ··· (2)

    1. Introduction (I)

    2. Greetings & Leave-taking (I)

    3. Commands in Class

II. Chinese Character Recognition ··· (15)

    1. Introduction (I)

    2. Greetings & Leave-taking (I)

    3. Commands in Class

STEP TWO   Time & Dates ··· (24)

I. Oral Activities ··· (25)

    1. Numbers (I)

    2. Asking the Time

    3. Calendar

II. Chinese Character Recognition ··· (44)

    1. Numbers (I)

    2. Asking the Time

    3. Calendar

STEP THREE   About Your Classmates ································ (58)

I. Oral Activities ··· (59)

    1. Countries, Nationalities & Languages

    2. Asking for Information

    3. Personal Data

II. Chinese Character Recognition ·· (75)
    1. Countries, Nationalities & Languages
    2. Asking for Information
    3. Personal Data

STEP FOUR   Descriptions ·· (88)

I. Oral Activities ·· (89)
    1. Colors & Clothes
    2. Parts of the Body (I)
    3. Description of People's Appearance

II. Chinese Character Recognition ·· (102)
    1. Colors & Clothes
    2. Parts of the Body (I)
    3. Description of People's Appearance

STEP FIVE   Classroom & Classes ·· (118)

I. Oral Activities ·· (119)
    1. People & Things in the Classroom
    2. Schedule of Classes
    3. Classroom Activities

GRAMMAR & EXERCISES ·· (142)

    S1.1 Sentence with a Verb as the Main Word of its Predicate ············· (142)
    S1.2 Questions with the Modal Particle "吗/嗎" ································· (146)
    S1.3 Questions with an Interrogative Pronoun ································· (149)
    S1.4 Elliptical Questions with the Modal Particle "呢" ······················· (152)
    S1.5 Sentence with an Adjective as the Main Word of the Predicate ······ (153)

    S2.1 Numerals (I) ·· (156)
    S2.2 Ways of Telling Time ·· (157)
    S2.3 Alternative Questions ·· (159)

S2.4 Dates ··· (163)

S3.1 Affirmative-Negative Questions ··· (167)
S3.2 Sentences with Nominal Predicates ··· (171)
S3.3 Sentences with "是...的" ··· (173)

S4.1 Measure Words ··· (176)
S4.2 Attributes and the Particle "的" ··· (178)
S4.3 The "的" Phrase: [... 的 Noun] ⇒ [... 的] ··· (181)
S4.4 Sentence with a Subject-Predicate Phrase as the Predicate ············ (184)

S5.1 "有" Sentences Expressing Existence ··· (185)
S5.2 The Prepositional Phrase ··· (187)
S5.3 The Complement and the Particle "得" ··· (190)
S5.4 Degree Complement ··· (192)
S5.5 Pivotal Sentence ··· (197)

APPENDIXES
Appendix 1: Vocabulary (*Pinyin*-ordered) ··· (200)
Appendix 2: Vocabulary (English-ordered) ··· (216)

PREFACE

New Century Chinese is, as its title patently indicates, prepared for students of Mandarin Chinese in the new century. It is a complete beginning college-level Chinese program, which consists of three volumes: five preliminary Steps in Book One and five Units each in Book Two and Book Three, respectively. To accommodate the needs of the students from different linguistic background, both the simplified and traditional versions of the Chinese characters have been employed side by side in a contrast manner in New Century Chinese. Well-chosen topics for varied oral activities, most basic structures of modern Chinese, carefully selected reading materials and approximately 1,200 useful vocabulary in these volumes will provide the students with ample opportunities for practicing Chinese in communicative and interactive contexts.

Book One, which introduces preliminary fundamentals with an emphasis on pronunciation, listening and speaking, includes three parts: **Oral Activities** (usually 3 topics, printed in the form of *Pinyin* except those in **Step Five**), **Chinese Character Recognition** (**Oral Activities** reprinted in the form of Chinese characters) and **Grammar and Exercises** (4 to 6 items, the first two steps are printed in the form of both *Pinyin* and Chinese characters and the rest printed in the form of Chinese characters only). Both Book Two and Book Three, which lay equal emphasis on speaking and reading, also contain three parts: **Oral Activities** (usually 3 topics), **Reading Materials** (3 or 4 reading selections) and **Grammar and Exercises** (4 to 6 items). The reading selections, most of which are of a highly entertaining and culturally informative nature, will be followed by 2 or 3 writing assignments with various topics for those who want to develop their writing skills.

A vocabulary list (excluding the new words in the **Reading Materials**) is placed at the beginning of each topic in the **Steps** or **Units**, and two general vocabulary lists (including the new words in the **Reading Materials** in Book Two and Book Three) — one Chinese-English glossary and one English-Chinese glossary — are also provided at the end of each volume. **Notes** on idiomatic usage, grammar and cultural aspects are provided at the end of each topic for the oral activities.

For each volume, a companion workbook, which consists of supplementary phonetic drills, grammar and usage exercises, listening comprehension materials and reading materials, is included in the program. Moreover, a companion character workbook, which is specially designed with detailed notes on the radicals to guide the students to write Chinese characters, is also included in the program. A complete set of audiotapes for all the texts of the **Oral Activities** (in all three Books) and Reading Materials (in Book Two and Book Three only), recorded by the professionals of the Publish House of Beijing Language and Culture University, are also available to the students.

  The present program is the result of the cordial collaboration of a textbook writing team: Prof. Emily Huang of University of California at Irvine, Dr. Audrey Li of University of Southern California, Dr. Rongrong Liao of University of California at Los Angeles, Dr. Bingfu Lu of University of California, Dr. Cathy Wei of Pasadena City College, Dr. Xiaozhou Wu of Santa Monica College and Prof. Ying Yang of University of California at Irvine. In terms of detailed division of labor, Dr. Wu has written all the **Oral Activities** and **Reading Materials** of all the books; Dr. Liao has written the **Grammar and Exercises** for the first two books; Dr. Lu has written the **Grammar and Exercises** for Book Three; Dr. Li is responsible for scrutinizing and proof-reading the **Grammar and Exercises** for all the three books; Prof. Huang and Prof. Yang are in charge of Book One's workbook and Book Two's workbook, respectively; and Dr. Wei is in charge of Book Three's workbook. Moreover, Dr. Wu and Dr. Liao are also responsible for the simplified version of the character workbook of all the three books, while Prof. Huang and Prof. Yang are responsible for the traditional version of the character workbook of all the three books. In addition, all the members of the textbook writing team have actively participated in the initial planning and continuous revision of all the three books and their workbooks.

PRELIMINARY:
PRONUNCIATION GUIDE AND SPELLING RULES

1. MANDARIN CHINESE SOUNDS

In terms of the area China is the third largest country in the world, but in terms of the population she is the largest one. Among her 1.2 billion people, there are 56 nationalities. The largest nationality is the Hàn people, who constitute about 92% of the total population. The language they speak is called Hànyǔ or the language of the *Han*, what is usually referred to as Chinese. Among the major dialects in Chinese, the most popular one is the Northern dialect, which is called Pǔtōnghuà (the Common Speech) by the people in Mainland China or Guóyǔ (the National Language) by the people in Taiwan, both known to the Westerners as the so-called Mandarin Chinese.

There are a little over four hundred syllables in the sound system of Pǔtōnghuà. A syllable in Pǔtōnghuà can be made up of a vowel, vowel combinations, a consonant, or vowel(s) plus a nasal consonant, but it is more often than not made up of two components: an initial and a final. An initial is a consonant that begins the syllable and a final is a vowel, a compound vowel, or a vowel/compound vowel plus a nasal consonant (either "n" or "ng"). For example, in the syllable "ma", "m" is the initial while "a" is a final; and in the syllable "mang", "m" is an initial while "ang" is a final. Sometimes, however, a final can serve as an independent syllable without an initial. There are 21 initials and 38 finals in Pǔtōnghuà. The following are a brief comparison of the Chinese sound system represented by the Pīnyīn system with the English counterpart and the complete table of the initial-final combinations in Pǔtōnghuà on page 7 (since the finals "e", "er" and "ueng" are not used to combine with the initials, they are, for the sake of convenience, excluded from the table). The Pīnyīn system is the official romanization system adopted in the People's Republic of China in 1958, which is also the most popular system used in American and European colleges and universities.

FINALS

1. Simple Vowels

a	as in f<u>a</u>ther
o	as in w<u>o</u>rn
e	as "<u>uh</u>" or as in stol<u>e</u>n
i	as in mach<u>i</u>ne
u	as in r<u>u</u>mor
ü	as in l<u>u</u>ne (French pronunciation)
ê	as in y<u>e</u>t
-i[1]	no equivalent; it must go with "z", "c", "s", "zh", "ch", "sh", and "r"
er	close to <u>are</u>

2. Compound Vowels

ai	as in <u>ai</u>sle
ei	as in <u>ei</u>ght
ao	as in L<u>ao</u>s
ou	as in b<u>ou</u>lder
ia	as in <u>ya</u>h
ie	as in <u>ye</u>s
ua	as in <u>wa</u>hoo
uo	as in <u>wa</u>r
üe	as in l<u>u</u>ne (French pronunciation) + l<u>e</u>t
iao	as in mach<u>i</u>ne + L<u>ao</u>s
iu(iou)	as in <u>yo</u>ke
uai	as <u>why</u>
ui(uei)	as <u>way</u>

3. Nasal Finals

an	as in <u>an</u>swer (British pronunciation)
ang	as in <u>an</u>cien (French pronunciation)
en	as in stol<u>en</u>
eng	an in stol<u>en</u> + lon<u>g</u>
ong	as in w<u>o</u>rn + lon<u>g</u>
ian	as <u>yen</u>

iang	similar to young
in	similar to in
ing	similar to ing
iong	as in machine + worn + long
uan	as in Luanda
uang	as in we + ancien (French pronunciation)
un(uen)	as in we + stolen
ueng	as in we + stolen + long
üan	as in lune (French pronunciation) + answer
ün	as in lune (French pronunciation)

INITIALS[2]:

b *[3]	as in sport
p #	as in peep
m	as in me
f	as in fast
d *	as in state
t #	as in tea
n	as in need
l	as in lead
z *	as in words
c #	as in roots
s	as in sleep
zh *	a retroflex sound, no equivalent
ch #	a retroflex sound, no equivalent
sh	a retroflex sound, close to shut
r	a retroflex sound, close to rule
j *	close to jeep (without protruding the lips, though)
q #	close to cheese (without protruding the lips, though)
x	no exact equivalent, close to see
g *	as in skate
k #	as in cook
h	as in he

NOTE:

1. For the sake of convenience, the symbol [-i] is used to represent two different vowels — the blade-alveolar close unrounded vowel and the blade-palata close unrounded vowel. Both of these vowels never constitute compound finals with other vowels and only follow the initial consonants z, c, s, zh, ch, sh, and r.

2. The *Pinyin* system uses all the Roman letters except the letter "v", which is used only to transcribe foreign words, words of national minority languages and local dialects.

3. The symbol " * " indicates the unaspirated sounds, whereas the symbol " # " indicates the aspirated sounds. To test whether or not a sound is aspirated, you may put a piece of paper before your mouth. If the paper vibrates when you pronounce a sound, then it is an aspirated one; if not, it is an unaspirated one.

Table of the Initial-final Combinations in Chinese

	1	2	3	4	5	6	7	8	9	10	11	12	13	14	15	16	17	18	19	20	21	22	23	24	25	26	27	28	29	30	31	32	33	34	35
	a	o	e	-i	ai	ei	ao	ou	an	en	ang	eng	ong	u	wo	wan	wen	wei	wa	wai	wang	yu	yue	yuan	yun	yi	ya	yao	ye	you	yan	yin	ying	yang	yong
														wu							uang	ü	üe	üan	ün		ia	iao	ie	iu	ian	in	ing	iang	iong
b	ba	bo			bai	bei	bao		ban	ben	bang	beng		bu												bi		biao	bie		bian		bin	bing		
p	pa	po			pai	pei	pao	pou	pan	pen	pang	peng		pu												pi		piao	pie		pian	pin	ping			
m	ma	mo	me		mai	mei	mao	mou	man	men	mang	meng		mu												mi		miao	mie	miu	mian	min	ming			
f	fa	fo				fei		fou	fan	fen	fang	feng		fu																					
d	da		de		dai	dei	dao	dou	dan	den	dang	deng	dong	du	duo	duan	dun	dui								di		diao	die	diu	dian		ding		
t	ta		te		tai		tao	tou	tan		tang	teng	tong	tu	tuo	tuan	tun	tui								ti		tiao	tie		tian		ting		
n	na		ne		nai	nei	nao	nou	nan	nen	nang	neng	nong	nu	nuo	nuan						nü	nüe			ni		niao	nie	niu	nian	nin	ning	niang	
l	la		le		lai	lei	lao	lou	lan		lang	leng	long	lu	luo	luan	lun						lü	lüe			li	lia	liao	lie	liu	lian	lin	ling	liang	
z	za	ze		zi	zai	zei	zao	zou	zan	zen	zang	zeng	zong	zu	zuo	zuan	zun	zui																	
c	ca	ce		ci	cai		cao	cou	can	cen	cang	ceng	cong	cu	cuo	cuan	cun	cui																	
s	sa	se		si	sai		sao	sou	san	sen	sang	seng	song	su	suo	suan	sun	sui																	
zh	zha	zhe		zhi	zhai	zhei	zhao	zhou	zhan	zhen	zhang	zheng	zhong	zhu	zhuo	zhuan	zhun	zhui	zhua	zhuai	zhuang														
ch	cha	che		chi	chai		chao	chou	chan	chen	chang	cheng	chong	chu	chuo	chuan	chun	chui	chua	chuai	chuang														
sh	sha	she		shi	shai	shei	shao	shou	shan	shen	shang	sheng		shu	shuo	shuan	shun	shui	shua	shuai	shuang														
r		re		ri			rao	rou	ran	ren	rang	reng	rong	ru	ruo	ruan	run	rui	rua																
g	ga	ge			gai	gei	gao	gou	gan	gen	gang	geng	gong	gu	guo	guan	gun	gui	gua	guai	guang														
k	ka	ke			kai	kei	kao	kou	kan	ken	kang	keng	kong	ku	kuo	kuan	kun	kui	kua	kuai	kuang														
h	ha	he			hai	hei	hao	hou	han	hen	hang	heng	hong	hu	huo	huan	hun	hui	hua	huai	huang														
j																						ju	jue	juan	jun	ji	jia	jiao	jie	jiu	jian	jin	jing	jiang	jiong
q																						qu	que	quan	qun	qi	qia	qiao	qie	qiu	qian	qin	qing	qiang	qiong
x																						xu	xue	xuan	xun	xi	xia	xiao	xie	xiu	xian	xin	xing	xiang	xiong

This table reflects the distribution of all the initial-final combinations except the finals [ê, er, ueng(weng)], which are absent here since they never occur with initials. **Phonetic value assigning**: The letter [e] is pronounced as the English [e] in ***kept*** when it constitutes a compound final [ei, ie(ye), üe (yue)], otherwise as the English [e] in ***worker***. The blade [-i] never constitutes compound finals with other vowels and only follows initial consonants [z, c, s, zh, ch, sh, r] (see column 4).

Basic combination rules: The Initials can be divided into 3 groups: **B-group** [b, p, m, f; d, t, n, l], **Z-group** [z, c, s, zh, ch, sh, r; g, k, h], and **J-group** [j, q, x]. The finals can be divided into 2 groups: [i-/ü-] **finals**, which begin with [i] (the blade [-i] excluded) or [ü], and all **non** i-/ü- **finals**.

(1) The **B-group initials** are most productive, being able to combine with most finals of both groups, except that [b, p, m, f] never precede [u-] and [ü-] compound finals. Hence, the spellings such as buo, püe, muan, etc. are not allowed.

(2) The **J-group** and the **Z-group** are complementary in distribution: [i-/ü-] finals always follow **J-group initials** but never follow **Z-group initials**. Hence, there is no chin, shing, gia, sian, hian, güe, shüe and jai, juo, etc. By contrast, all the **other finals** always follow **Z-group** but never follow **Z-group initials**. Since [u] never follows **J-group**, [ü] is written, for convenience' sake, as [u] when it follows **J-group initials**, as shown in the last three rows in columns 22 – 25.

Tone mark placing: Always place the tone mark above the vowel letter. When there is more than one vowel letter in the final, locate the tone mark with the following preference order based on loudness/openness: a > o/e > u/i/ü. In the [iu/ui] finals, put the tone mark above the second letter, since the first one somewhat behaves like a semi-vowel [y/w].

2. THE FOUR TONES AND TONE CHANGES

In terms of pronunciation of Pǔtōnghuà, a tonal language, another great difficulty that a novice will face is how to cope with the four tones (plus a neutral tone, which is pronounced in a soft and gentle manner). The following table illustrates the movement of the pitches of the four tones:

The Tone Marks

The First Tone: ˉ   The Second Tone: ´   The Third Tone: ˇ   The Fourth Tone: ˋ
(high and level)   (high and rising)   (low and rising)   (falling from high to low)

```
 1st tone ─────────→ 5  High Pitch
              ↗
 2nd tone ──── 4  Middle High Pitch
         ↗
 4th tone ──── 3  Middle Pitch
      ↘
         ──── 2  Middle Low Pitch
         ↘  ↗
 3rd tone ──── 1  Low Pitch
```

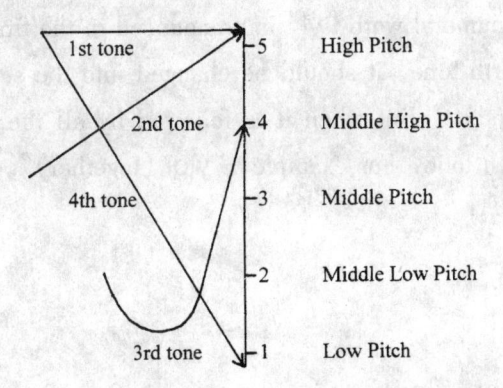

The tone marks are placed above the main vowel of the syllable, but the neutral tone is not marked. Unlike the English language, the Chinese language is a tonal language in which a change of a tone entails a change of meaning. For example, mā (first tone), má (second tone), mǎ (third tone), mà (fourth tone), and ma (neutral tone) in Pǔtōnghuà may mean "mom," "a family name," "horse," "to scold" and a question particle, respectively. To put these words together in a sentence that makes sense, we may have this: "Má Māma mà mǎ ma?" which roughly means "Does Mrs. Ma scold the horse?" If one pronounces these words without the proper tones, few native speakers of Chinese will be able to figure out what he or she means. For this very reason, the importance of the tones in spoken Chinese can never be overemphasized.

In actual reading of the tones in series, some tones are affected by other tones. There are basically four rules for the change of tones:

1) When two or more third tones immediately follow one another, only the last one is pronounced in the third tone, whereas the proceding one(s) should be changed into the second tone. For example, "Wǒ yě hěn hǎo" (I'm also very good) should be read as "Wó yé hén hǎo" in actual reading. But all the third tone marks remain unchanged.

2) When a third tone is followed by a first, second or fourth tone or most neutral tones, it becomes a half-third tone (that is, only the low part of the third tone is pronounced without the rising ending), and the third tone mark also remains unchanged. For example, "dǎ kāi (open up)", "dǎ qiú (to play a ball game)", "dǎ mà (to beat and scold)", and "dǎ ma (beat?)".

3) When the negative particle "bù" is followed by a fourth tone, it should be changed into the second tone. For example, "bù kuài" should be pronounced and marked as "bú kuài".

9

4) Standing by itself, the numeral word "yī" is pronounced in the first tone. however, when it is followed by a fourth tone, it should be changed into the second tone. For example, "yí wàn (ten thousand)." But when it is followed by all the other tones, it should be changed into the fourth tone. For example, "yìqǐ (together)", "yìbān (ordinary)", and "yìlián (in a row)".

3. SPELLING RULES:

The following are the general spelling rules used in the *Pinyin* system:

1) "i" is written as "y" when it is put at the beginning of a syllable. For example, "ie" should be written as "ye", and "ian" as "yan".

2) When used as independent syllables, "in" and "ing" should be written as "yin" and "ying".

3) "u" is written as "w" when it is put at the beginning of a syllable. For example, "uo" should be written as "wo", and "uei" as "wei".

4) When "ü" and the finals beginning with "ü" appear after "j", "q" or "x", it is written as "u", with the two dots omitted. For example, "xué", "juàn" and "qù". When the letter "y" is added to all the finals starting with the "ü" the two dots are also normally omitted for convenience' sake. For example, "yue", "yuan" and "yun".

5) When a syllable beginning with "a", "o" or "e" is immediately preceded by a syllable in such a way that it is likely to be confused with another syllable, an apostrophe is inserted. For example, "Xī'ān" and "nǚ'ér".

6) When used as finals, "uei", "iou" and "uen" is abbreviated as "ui", "iu" and "un", respectively. For example, "guei" is written as "gui", "liou" as "liu" and "duen" as "dun".

7) When used as a final ending, the retroflex "er" is abbreviated as "r". For example, "shìr" and "huār".

4. SOME DIFFICULT SOUNDS FOR NON-NATIVE SPEAKERS OF CHINESE:

1) Initials

<u>Unaspirated Sounds</u>: b, g, d, zh, z, j (Note that little air puffs out of the mouth).
<u>Aspirated Sounds</u>: p, k, t, ch, c, q (Note that strong air puffs out of the mouth).
<u>Retroflex Sounds</u>: zh, ch, sh, r (Note that the tongue has to be curled up to pronounce these sounds).
<u>Alveolars</u>: j, q, x (Note that the air blows out on the surface of the tongue, and the lips are not protruded).

2) Finals

Vowels: -i (Note that this sound is not the "i", and it only goes with "zi", "ci", "si", "zhi", "chi", "shi", and "ri".)
ü (Note that this sound is not "u" sound, and it is almost the same as the French "u".)

The brief comparison above clearly shows that Pǔtōnghuà has very few sounds which cannot be found in the English language, but this does not guarantee that the novices with an English background will automatically have a good pronunciation of the target language. As a matter of fact, the past experience tells us that a most effective way for a beginner of Chinese to get a decent pronunciation is to imitate as closely as possible the standard speech of native speakers at the early stage. "Practice makes perfect." It is only through constant practice and sustained effort that one may master the Chinese sounds and tones.

5. PHONETIC DRILLS

1) The Four Tones

a) mēng(cheat)   méng(sprout)   měng(violent)   mèng(dream)
b) bā(eight)   bá (pull)   bǎ(target)   bà(dad)
c) hāo(pluck)   háo(cry)   hǎo(good)   hào(number)
d) shī(wet)   shí(ten)   shǐ(history)   shì(be)

e) chōu(draw)　　chóu(worry)　　chǒu(ugly)　　chòu(smelly)
f) yī(one)　　yí(move)　　yǐ(already)　　yì(recall)
g) tōng(through)　　tóng(same)　　tǒng(pail)　　tòng(ache)
h) mā(mom)　　má(hemp)　　mǎ(horse)　　mà(scold)
i) fāng(square)　　fáng(house)　　fǎng(weave)　　fàng(lay)
j) zhī(know)　　zhí(straight)　　zhǐ(paper)　　zhì(cure)

2) Sound Discrimination

bō – pō　　　　gē – kē　　　　dōu – tōu　　　qī – jī
zhǐ – chǐ　　　bēi – pēi　　　chà – zhà　　　kōng – gōng
diē – tiē　　　gǎo – kǎo　　　duì – tuì　　　pù – bù
jù – qù　　　　bà – pà　　　　gàn – kàn　　　chái – zhái
guī – kuī　　　cūn – zūn　　　jiào – qiào　　biān – piān
jué – qué　　　chuāng – zhuāng　pīng – bīng　zhǔn – chǔn
jiū – qiū　　　yīn – yīng　　　mín – míng　　rén – réng
yǎn – yǎng　　wàn – wàng　　　huàn – huàng　wēn – wēng
nóng – lóng　　nàn – làn　　　nǐ – lǐ　　　　nǚ – nù
nüè – lüè　　　liē – niē　　　lǜ – nù　　　　lín – nín
hé – hén　　　duī – dōu　　　xǐ – sǐ　　　　shuō – shōu
liáng – láng　ruǎn – yuǎn　　zhě – zhǐ　　　yè – hè
liè – lè　　　rǎo – shǎo

3) Tone Discrimination

pī – pí　　　　hē – hé　　　　dī – dí　　　　mō – mó
tāng – táng　　dì – dí　　　　mò – mó　　　　hòu – hóu
zuò – zuó　　　tiào – tiáo　　zhū – zhù　　　kān – kàn
tuō – tuò　　　chuāng – chuàng　lā – là　　　fú – fū
cháo – chāo　　xún – xūn　　　shéng – shēng　yáo – yāo
fáng – fǎng　　hái – hǎi　　　jié – jiě　　　chuáng – chuǎng
lán – lǎn

4) Tone Changes

a) 3rd tone + 3rd tone → 2nd tone + 3rd tone

nǐ hǎo → ní hǎo   hěn hǎo → hén hǎo
yě hǎo → yé hǎo   yě hěn hǎo → yé hén hǎo
wǒ hěn hǎo → wó hén hǎo nǐ zǎo → ní zǎo
wǒ yě hěn hǎo → wó yé hén hǎo qǐng jǔ shǒu → qíng jú shǒu
xiǎojie → xiáo jie

b) 3rd tone + 1st / 2nd / 4th / neutral tone → half 3rd tone + 1st / 2nd / 4th / neutral tone

wǒ māma   wǒ péngyou   wǒ bàba   wǒmen   wǒ de
wǒ ne   nǐ māma   nǐ péngyou   nǐ bàba   nǐmen
nǐ de   nǐ ne

c) bù + 4th tone → bú + 4th tone

bú shì   bú wèn   bú duì   bú kuài   bú màn   bú zhù
bú qù   bújiàn   búyào   búguì   búxiè   búshuì

d) yī + 4th tone → yí + 4th tone; yī + 1st / 2nd / 3rd tone → yì + 1st / 2nd / 3rd tone

yídìng   yí jiàn   yígè   yíkuàir
yìjīn   yìtīng   yì tiáo   yìpíng
yìmíng   yì diǎnr   yì bǎ   yìqǐ

5) Neutral Tone

ma   ne   māma   bàba   gēge   jiějie
dìdi   mèimei   yéye   nǎinai   lǎolao   lǎoye
péngyou   dàifu   xuésheng   zhīdao   xièxie   kèqi
háizi   bízi   kùzi

6) The Retroflex final "er"

érzi   ěrduo   èr   nǎr   nàr   zhèr
nǚ'ér   wánr   huār   huàr   shìr   yìdiǎnr
yíhuìr   yíxiàr

13

7) Combination of Tones

1 + 1	1 + 2	1 + 3	1 + 4	1 + 0
jīntiān	huānyíng	qiānbǐ	jīngjù	tāmen
fēijī	Zhōngguó	tīngxiě	jīqì	xiānsheng
2 + 1	2 + 2	2 + 3	2 + 4	2 + 0
míngtiān	páiqiú	lípǔ	xuéyuàn	péngyou
túshū	xuéxí	cáichǎn	bú xiè	érzi
3 + 1	3 + 2	3 + 3	3 + 4	3 + 0
lǎoshī	qǐchuáng	shuǐguǒ	qǐngwèn	xiǎojie
Běijīng	Xiǎolái	liǎojiě	kěshì	wǒmen
4 + 1	4 + 2	4 + 3	4 + 4	4 + 0
miànbāo	jìnlái	Hànyǔ	guìxìng	xièxie
zuòjiā	dìtú	Rìběn	jièshào	tàitai

14

Step One: Introduction & Greetings

Topics	Vocab	Activity (oral)	Activity (reading)	Grammar	Exercise
1. Introduction *Pinyin Text:* p. 6 *Character Text:* p. 15	p. 2	Act 1: p. 6 Open dialog: Meeting people Act 2: p. 7 Model dialog: Introducing other people Act 3: p. 7 Interview your classmates to find out their names Act 4: p. 8 Answer the questions about your friends' names	Act 1: p. 18 Act 2: p. 19 Act 3: p. 19 Act 4: p20	S1.1: p. 142 Sentence with a Verb as the Main Word of its Predicate S1.2: p. 146 Questions with the Modal Particle "ma" S1.3: p. 149 Questions with an Interrogative Pronoun	Ex: 1, 2, 3 p. 142 Ex: 1, 2 p. 147 Ex: 1, 2 p. 149
2. Greeting & Leave-taking *Pinyin Text:* p. 10 *Character Text:* p. 21	p. 10	Act 5: p. 11 Greetings	Act5: p. 22	S1.4: p. 152 Elliptical Questions with the Modal Particle "ne" S1.5: p. 153 Sentence with an Adjective as the Main Word of the Predicate	Ex: 1 p. 152 Ex: 1, 2 p. 155
3. Commands in Class *Pinyin Text:* p. 13 *Character Text:* p. 23	p. 13	Act 6: p. 13 Matching the pictures with commands	Act 6: p. 23	No Grammar Notes	

STEP ONE   INTRODUCTION & GREETINGS

I. ORAL ACTIVITIES

1. Introduction (I)

Cf. Grammar S1.1, S1.2, S1.3（动词谓语句、用语气词"吗"的疑问句、用疑问代词的疑问句）

VOCABULARY:

1. zhè	这	這	(pron)	this
2. wèi	位	位	(m.w)	*a measure word for people*
3. shì	是	是	(v)	to be
4. lǎoshī	老师	老師	(n)	teacher; instructor
5. nǐ	你	你	(pron)	you (*sing.*)
6. nǐmen	你们	你們	(pron)	you (*pl.*)
7. hǎo[-huài][1]	好[-坏]	好[-壞]	(a)	fine; good; nice; well
8. nín	您	您	(pron)	you (*polite form of* "你")
9. wǒ	我	我	(pron)	I; me
10. lái[-qù]	来[-去]	來[-去]	(v)	to come
11. jièshào	介绍	介紹	(v/n)	to introduce; introduction
12. yíxiàr	一下儿	一下兒		briefly; for a little while
13. xìng	姓	姓	(v/n)	surname; one's surname is ...
14. jiào	叫	叫	(v)	to call; to be called

15. xiǎo[– dà]	小[– 大]	小[– 大]	(a)	small; little
16. péngyou	朋友	朋友	(n)	friend
17. shénme	什么	甚麼	(pron)	what
18. tā	他	他	(pron)	he; him
19. tā	她	她	(pron)	she; her
20. qǐng wèn	请问	請問		May I ask; Excuse me, but
qǐng	请	請	(v)	please; to pray; to invite
wèn	问	問	(v)	to ask
21. xiānsheng	先生	先生	(n)	Mr.; Sir; gentleman; husband
22. míngzi	名字	名字	(n)	name
23. xiǎojie	小姐	小姐	(n)	Miss; young lady
24. guìxìng	贵姓	貴姓		What's your noble surname?
25. ma	吗	嗎	(part)	a "yes or no" question particle
26. de	的	的	(s.p)	a structural particle
27. nǚ[– nán]	女[– 男]	女[– 男]	(n/a)	woman; female
28. nán[– nǚ]	男[– 女]	男[– 女]	(n/a)	man; male
29. Hànyǔ	汉语	漢語	(n)	the Chinese language
30. shuí/shéi	谁	誰	(pron)	who; whom
31. bù	不	不	(ad)	not; no
32. rènshi	认识	認識	(v)	to know; to recognize; to identify

Proper Names:

1. Dīng	丁	丁	Ding (*a family name*)
2. Fāng Jiè	方介	方介	Fang Jie
3. Wáng Guìshēng	王贵生	王貴生	Wang Guisheng
4. Chén Xiǎolái	陈小来	陳小來	Chen Xiaolai

SUPPLEMENTARY VOCABULARY:

duìbuqǐ	对不起	對不起	sorry; excuse me

Proper Names:

1. Ānnà	安娜	安娜	Anna
2. Mǎlì	玛丽	瑪麗	Mary
3. Lìlì	莉莉	莉莉	Lily
4. Pítè	皮特	皮特	Peter
5. Mǎkè	马克	馬克	Mark
6. Dàwèi	大卫	大衛	David
7. Xiè Lì	谢丽	謝麗	Xie Li
8. Mǎ Xiǎohóng	马小红	馬小紅	Ma Xiaohong

NOTE:
1. The word in the "[–]" refers to the antonym of the preceding word.

1. Zhè wèi¹ shì Dīng Lǎoshī². 2. Zhè shì Ānnà³ (Xiǎojie).

3. Zhè shì Xiè Lì⁴ (Xiè Xiǎojie).

4. Zhè shì Wáng Guìshēng. (Wáng Xiānsheng)

Nín⁵ hǎo, Dīng Lǎoshī!

5. Zhè shì Fāng Jiè (Fāng Xiānsheng).

Nǐmen hǎo!

12. Zhè shì Mǎ Xiǎohóng. (Mǎ Xiǎojie)

6. Zhè shì Mǎkè (Xiānsheng). 7. Zhè shì Pítè (Xiānsheng).

8. Zhè shì Dàwèi (Xiānsheng). 11. Zhè shì Mǎlì (Xiǎojie).

9. Zhè shì Chén Xiǎolái (Xiǎopéngyou). 10. Zhè shì Lìlì (Xiǎojie).

1) A: Nǐ hǎo! Wǒ jiào Dàwèi.
   B: Wǒ jiào Mǎlì, nǐ hǎo!

2) A: Nǐ hǎo! Wǒ xìng Fāng, jiào Fāng Jiè.
   B: Nǐ hǎo! Wǒ xìng Wáng, jiào Wáng Guìshēng.

你好！我姓方，叫方介。

你好！我姓王，叫王贵生。

小朋友，你叫什么名字？

我叫陈小来。

3) A: Xiǎo péngyou, nǐ jiào shénme (míngzi)?
   B: Wǒ jiào Chén Xiǎolái.

5

4) A: Qǐng wèn, nín guìxìng[6]?
   B: Wǒ xìng Mǎ, jiào Mǎ Xiǎohóng.

5) A: Tā xìng shénme? Jiào shénme?
   B: Tā xìng Xiè, jiào Xiè Lì.

6) A: Qǐng wèn, nín shì Dīng Xiānsheng ma?
   B: Wǒ shì. Nín shì⋯?
   A: Wǒ shì Mǎlì. Nín hǎo!
   B: Nín hǎo!

7) A: Qǐng wèn, nín shì Dīng Lǎoshī ma?
   B: Bú shì.
   A: Duìbuqǐ[7].

8) A: Tā shì shéi? Wǒ bú rènshi tā.
   B: Lái, wǒ jièshào yíxiàr. Zhè shì Mǎkè. Zhè shì Mǎlì.
   A: Nǐ hǎo, Mǎlì!
   C: Nǐ hǎo, Mǎkè!

来，我介绍一下儿。这是马克，这是玛丽。

你好，马克！

你好，玛丽！

ACTIVITY ONE   Open dialog: Meeting people.

1) Dialog One:
   A: Nǐ Hǎo! Wǒ jiào _____ (*given name or full name*).
   B: Nǐ Hǎo! Wǒ jiào _____ (*given name or full name*).

2) Dialog Two:
   A: Nín hǎo, xiǎojie/xiānsheng! Qǐng wèn, nín guìxìng?
   B: Wǒ xìng _____ (*surname*), jiào _____ (*given name or full name*).
   A: Wǒ xìng _____ (*surname*), jiào _____ (*given name or full name*).

3) Dialog Three:

    A: Qǐng wèn, xiānsheng/xiǎojie, nín jiào shénme (míngzi)?

    B: Wǒ jiào _____ (*given name or full name*).

    A: Wǒ jiào _____ (*given name or full name*).

ACTIVITY TWO   Model dialog: Introducing other people.

1) Dialog One:

    Dīng Lǎoshī: Lái, wǒ jièshào yíxiàr. Zhè wèi shì Wáng Xiǎojie, zhè wèi shì Fāng Xiānsheng.

    Wáng Xiǎojie: Nín hǎo!

    Fāng Xiānsheng: Nín hǎo!

2) Dialog Two:

    Mǎkè: Wǒ jièshào yíxiàr. Zhè shì Mǎlì, zhè shì Ānnà.

    Mǎlì: Nǐ hǎo!

    Ānnà: Nǐ hǎo!

ACTIVITY THREE   Interview your classmates.

Example: A: Qǐng wèn, xiānsheng / xiǎojie, nín guìxìng? Nín jiào shénme míngzi?

    B: Wǒ xìng <u>Wáng</u>, jiào <u>Wáng Guìshēng</u>.

    <u>xìng</u>   <u>míngzi</u>

1) _____   _____

2) _____   _____

3) _____   _____

4) _____   _____

5) _____   _____

6) _____   _____

ACTIVITY FOUR　　Answer the following questions.

1) Nǐ de[8] hǎo péngyou xīng shénme? Jiào shénme?

   — Tā xìng _____, jiào _____.

2) Nǐ de nǚ péngyou xìng shénme? Jiào shénme?

   — Tā xìng _____, jiào _____.

3) Nǐ de nán péngyou xìng shénme? Jiào shénme?

   — Tā xìng _____, jiào _____.

4) Nǐmen de Hànyǔ lǎoshī xìng shénme? Jiào shénme?

   — Tā xìng _____, jiào _____.

NOTES:

1. The expression of "zhè wèi" is more polite than that of "zhè shì." Unlike English, Chinese is an inflectional language, i.e., it does not have any conjugation of verbs and declension of nouns, pronouns and adjectives, nor does it have any changes in terms of persons, cases and genders. Moreover, Chinese does not have the equivalents of the English definite article "the" and the indefinite article "a".

2. In the Chinese language some nouns indicating people like the word "lǎoshī" here can be used as a title, and it is a common practice that the surname is placed before the title. For instance, "Dīng Lǎoshī", means "Teacher Ding" or "Professor Ding".

3. Personal names of foreign countries (except some neighboring Asian countries of China such as Japan, Korea, Vietnam) are often transliterated into Chinese, but usually with some modification according to the Chinese sound system.

4. Chinese names are, as a rule, made up of a family name and a given name. Chinese do not have a middle name. Most of the Chinese family names consist of one character (syllable), but there are a few two-character family names, for instance, "Sīmǎ" and "Ōuyáng". Given names usually consist of one or two characters. Please note that in Chinese the family name precedes the given name, just opposite the convention of the Western countries.

5. "Nǐ/Nín hǎo", or "Nǐmen hǎo" is an everyday greeting, which can be used at any time and on any occasion. To reply, simply repeat the same phrase. The polite form of the singular second person pronoun "nǐ" is "nín", which is reserved for elders or any person you respect.

6. "Guìxìng" is reserved for the second person only. It cannot be used to refer to the other persons, i.e., the first and third persons.

7. The words with the asterisk mark " * " before them refer to the supplementary vocabulary.

8. "De" is a structural particle, which is used to indicate possession here. When a noun or personal pronoun is used as a possessor, it usually takes "de". For example, "lǎoshī de péngyou" (the teacher's friend) and "tā de míngzi" (his/her name). When a personal pronoun is used as an attributive to modify a noun to indicate kinship or close relationship, "de" is usually omitted. For example, "wǒ péngyou" (my friend). However, when a personal pronoun and an adjective are used together at the same time, the "de" must be used. For example, "Nǐ de hǎo péngyou" (your good friend).

2. Greetings and Leave-taking (I)

Cf. Grammar S1.4, S1.5（用语气词"呢"的疑问句，形容词谓语）

VOCABULARY:

1. zǎo	早	早	(n/a)	morning; early
2. wǎnshàng	晚上	晚上	(n)	evening
3. zàijiàn	再见	再見		good-bye; see you
zài	再	再	(ad)	again; once more
jiàn	见	見	(v)	to see; to meet
4. ne	呢	呢	(part)	a modal particle
5. yě	也	也	(ad)	also; too
6. hěn	很	很	(ad)	very
7. wǒmen	我们	我們	(pron)	we; us
8. dōu	都	都	(ad)	both all; inclusively
9. máng	忙	忙	(a)	busy
10. shàngkè	上课	上課	(v.o)	to attend a class; to teach a class
kè	课	課	(n)	lesson; class

SUPPLEMENTARY VOCABULARY:

1. wǎn'ān	晚安	晚安		good night; good evening
2. yào … le	要…了	要…了		to be going to; to be about to

1) A: Nín zǎo!
   B: Nín zǎo!

2) A: Wǎnshang hǎo!
   B: Wǎnshang hǎo!

3) A: Nǐ hǎo ma?
   B: Wǒ hěn hǎo, nín ne[1]?
   A: Wǒ yě hěn hǎo.

4) A: Nǐmen hǎo ma?
   B: Wǒmen dōu hěn hǎo.

5) A: Zàijiàn!   B: Zàijiàn!

6) A: *Wǎn'ān!   B: Wǎn'ān!

ACTIVITY FIVE Open dialog: Greetings.

1) Dialog One:
   A: Nǐ hǎo ma, _____ (*surname*) Xiǎojie / Xiānsheng?
   B: Wǒ hěn hǎo, nǐ ne, _____ (*surname*) Xiǎojie / Xiānsheng?
   A: Wǒ yě hěn hǎo.

2) Dialog Two:
   A: Zǎo, _____ (*given name*)!
   B: Zǎo, _____ (*given name*)! Nǐ máng ma?
   A: Bù hěn máng, nǐ ne?
   B: Hěn máng. Wǒ *yào shàngkè le, zàijiàn!
   A: Zàijiàn!

3) Dialog Three:
   A: Wǎnshang hǎo, _____ (*given name*)!
   B: Wǎnshang hǎo, _____ (*given name*)! Nǐ máng ma?
   A: Bù máng, nǐ ne?
   B: Wǒ yě bù máng.

NOTE:

1. "Nǐ ne?" is an elliptical question in connection with the preceding topic. It can be translated roughly as "And you?" or "How about you?" Please see Grammar S1.4 for detailed explanation.

3. Commands in Class

（无语法项目）

VOCABULARY:

| 1. jìn | 进 | 進 | (v) | to enter; to come in |
| 2. zuò | 坐 | 坐 | (v) | to sit |

SUPPLEMENTARY VOCABULARY:

1. Qǐng zhàn qǐlai!	请站起来！	請站起來！	Please stand up!
2. Qǐng chūqu!	请出去！	請出去！	Please get out!
3. Qǐng dǎ kāi shū!	请打开书！	請打開書！	Please open (your) books!
4. Qǐng hé shang shū!	请合上书！	請合上書！	Please close (your) books!
5. Qǐng ná chū bǐ lái!	请拿出笔来！	請拿出筆來！	Please take out (your) pens!
6. Qǐng ná chū zhǐ lái!	请拿出纸来！	請拿出紙來！	Please take out (your) paper!
7. Qǐng jǔ shǒu!	请举手！	請舉手！	Please raise (your) hands!

ACTIVITY SIX   Matching the pictures with the commands.

1) Qǐng jìn!   2) Qǐng chūqu!   3) Qǐng ná chū shū lái!

4) Qǐng zhàn qǐlai!   5) Qǐng zuò!   6) Qǐng hé shang shū!

7) Qǐng jǔ shǒu!   8) Qǐng dǎ kāi shū!   9) Qǐng ná chū bǐ lái!

a.   b.    c.

d.

e.

f.

g.

h.

i.

II. CHINESE CHARACTER RECOGNITION

1. Introduction（I）

Cf. Grammar S1.1, S1.2, S1.3（动词谓语句，用语气词"吗"的疑问句，用疑问代词的疑问句）

| 陈小来 | 方介 | 马克 | 大卫 | 丁老师 | 皮特 | 安娜 | 莉莉 | 谢丽 | 玛丽 | 王贵生 | 马小红 |

1. 这位¹是丁老师²。
   這位¹是丁老師²。

2. 这是*安娜³(Ānnà)(小姐)。
   這是*安娜³(Ānnà)(小姐)。

3. 这是*谢丽⁴(Xiè Lì)(谢小姐)。
   這是*謝麗⁴(Xiè Lì)(謝小姐)。

4. 这是王贵生(王先生)。
   這是王貴生(王先生)。

5. 这是方介(方先生)。
   這是方介(方先生)。

6. 这是*马克(Mǎkè)(先生)。
   這是*馬克(Mǎkè)(先生)。

7) 这是*皮特(Pítè)(先生)。 zhè shì Pítè xiānsheng.
   這是*皮特(Pítè)(先生)。

8. 这是*大卫(Dàwèi)(先生)。 zhè shì Dàwèi xiānsheng.
   這是*大衛(Dàwèi)(先生)。

9. 这是陈小来(小朋友)。 zhè shì chén xiǎolái péngyou.
   這是陳小來(小朋友)。

10. 这是*莉莉(Lìlì)(小姐)。 zhè shì Lìlì xiǎojie.
    這是*莉莉(Lìlì)(小姐)。

11. 这是*玛丽(Mǎlì)(小姐)。 zhè shì mǎlì xiǎojie.
    這是*瑪麗(Mǎlì)(小姐)。

12. 这是*马小红(Mǎ Xiǎohóng)(马小姐)。 zhè shì mǎ xiǎohóng xiǎojie.
    這是*馬小紅(Mǎ Xiǎohóng)(馬小姐)。

1) A：你好！我叫大卫(Dàwèi)。 Nǐ hǎo wǒ jiào Dàwèi.
      你好！我叫大衛(Dàwèi)。

   B：我叫玛丽(Mǎlì)，你好！ Wǒ jiào mǎlì. Nǐ hao!
      我叫瑪麗(Mǎlì)，你好！

2) A：你好！我姓方，叫方介。 Nǐ hao wǒ xìng Fāng, jiào Fāng Jiè.
      你好！我姓方，叫方介。

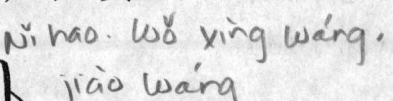

   B：你好！我姓王，叫王贵生。 Nǐ hao. Wǒ xìng Wáng, jiào Wáng Guìshēng.
      你好！我姓王，叫王貴生。

3) A：小朋友，你叫什么(名字)？ Xiǎo péngyou, nǐ jiào shénme míngzi?
      小朋友，你叫甚麼(名字)？

   B：我叫陈小来。 Wǒ jiào chén xiǎolái.
      我叫陳小來。

4) A：请问，您贵姓[6]？
   請問，您貴姓[6]？

   B：我姓马，叫马小红(Mǎ Xiǎohóng)。
   我姓馬，叫馬小紅(Mǎ Xiǎohóng)。

5) A：她姓什么？叫什么？
   她姓甚麼？叫甚麼？

   B：她姓谢，叫谢丽(Xiè Lì)。
   她姓謝，叫謝麗(Xiè Lì)。

6) A：请问，您是丁先生吗？
   請問，您是丁先生嗎？

   B：我是。您是……？
   我是。您是……？

   A：我是玛丽(Mǎlì)。您好！
   我是瑪麗(Mǎlì)。您好！

   B：您好！
   您好！

7) A：请问，您是丁老师吗？ Qǐng wèn, nín shì Dīng Lǎoshī ma?
   請問，您是丁老師嗎？

   B：不是。 Bú shì.
   不是。

   A：*对不起[7]。 Duìbuqǐ.
   *對不起[7]。

8) A：他是谁？我不认识他。 Tā shì shéi? Wǒ bú rènshi tā.
   他是誰？我不認識他。

   B：来，我介绍一下儿。这是马克(Mǎkè)，这是玛丽(Mǎlì)。 Lái, wǒ jièshào yíxiàr. Zhè shì Mǎkè, zhè shì Mǎlì.
   來，我介紹一下兒。這是馬克(Mǎkè)，這是瑪麗(Mǎlì)。

   A：你好，玛丽(Mǎlì)！ Nǐ hǎo Mǎlì.
   你好，瑪麗(Mǎlì)！

17

C：你好，马克(Mǎkè)！
　　你好，馬克(Mǎkè)！

ACTIVITY ONE　　Open dialogue: Meeting people.

1) Dialog One:

　　A：你好！我叫 _____ (*given name or full name*)。
　　　　你好！我叫 _____ (*given name or full name*)。

　　B：你好！我叫 _____ (*given name or full name*)。
　　　　你好！我叫 _____ (*given name or full name*)。

2) Dialog Two:

　　A：您好，小姐/先生！请问，您贵姓？ *Nín hǎo, xiǎojie/xiānsheng. Qǐngwèn, nín guì xìng?*
　　　　您好，小姐/先生！請問，您貴姓？

　　B：我姓 _____ (*surname*)，叫 _____ (*given name or full name*)。 *Wǒ xìng ... jiào ...*
　　　　我姓 _____ (*surname*)，叫 _____ (*given name or full name*)。

　　A：我姓 _____ (*surname*)，叫 _____ (*given name or full name*)。 *Wǒ xìng ... jiào ...*
　　　　我姓 _____ (*surname*)，叫 _____ (*given name or full name*)。

3) Dialog Three: *Qǐngwèn, xiānsheng, xiǎojie, nín jiào shénme míngzi?*

　　A：请问，先生/小姐，您叫什么(名字)？
　　　　請問，先生/小姐，您叫甚麼(名字)？

　　B：我叫 _____ (*given name or full name*)。 *Wǒ jiào*
　　　　我叫 _____ (*given name or full name*)。

　　A：我叫 _____ (*given name or full name*)。 *Wǒ jiào*
　　　　我叫 _____ (*given name or full name*)。

ACTIVITY TWO   Model dialogue: Introducing other people.

1) Dialogue One:

丁老师：来，我介绍一下儿。这位是王小姐，这位是方先生。
丁老師：來，我介紹一下兒。這位是王小姐，這位是方先生。

王小姐：您好！
王小姐：您好！

方先生：您好！
方先生：您好！

2) Dialogue Two:

马克(Mǎkè)：我介绍一下儿。这是玛丽(Mǎlì)，这是安娜(Ānnà)。
馬克(Mǎkè)：我介紹一下兒。這是瑪麗(Mǎlì)，這是安娜(Ānnà)。

玛丽(Mǎlì)：你好！
瑪麗(Mǎlì)：你好！

安娜(Ānnà)：你好！
安娜(Ānnà)：你好！

ACTIVITY THREE   Interview your classmates.

Example: A：请问，先生/小姐，您贵姓？您叫什么名字？
         請問，先生/小姐，您貴姓？您叫甚麼名字？

B：我姓王，叫王贵生。
我姓王，叫王貴生。

姓	名字
姓	名字

1) ____Huang____   ____Soanie____

2) _Ringler_ _Steven_

3) _Tran_ _Tibuy_

4) _Pereda_ _Jose_

5) _Kuwakino_ _Miho_

6) _Paredo_ _Eddie_

ACTIVITY FOUR Answer the following questions.

1) 你的好朋友姓什么？叫什么？— 他/她姓＿＿＿＿＿，叫＿＿＿＿＿。

你的好朋友姓甚麼？叫甚麼？— 他/她姓＿＿＿＿＿，叫＿＿＿＿＿。

2) 你的女朋友姓什么？叫什么？— 她姓＿＿＿＿＿，叫＿＿＿＿＿。

你的女朋友姓甚麼？叫甚麼？— 她姓＿＿＿＿＿，叫＿＿＿＿＿。

3) 你的男朋友姓什么？叫什么？— 他姓＿＿＿＿＿，叫＿＿＿＿＿。

你的男朋友姓甚麼？叫甚麼？— 他姓＿＿＿＿＿，叫＿＿＿＿＿。

4) 你们的汉语老师姓什么？叫什么？— 他/她姓＿＿＿＿＿，叫＿＿＿＿＿。

你們的漢語老師姓甚麼？叫甚麼？— 他/她姓＿＿＿＿＿，叫＿＿＿＿＿。

2. Greetings and Leave-taking (I)

Cf. Grammar S.1.4, S1.5（用语气词"呢"的疑问句，形容词谓语）

1) A：您早！　　B：您早！
   A：您早！　　B：您早！

2) A：晚上好！　　B：晚上好！
   A：晚上好！　　B：晚上好！

3) A：你好吗？
   A：你好嗎？

   B：我很好，你呢？
   B：我很好，你呢？

   A：我也很好。
   A：我也很好。

4) A：你们好吗？
   A：你們好嗎？

   B：我们都很好。
   B：我們都很好。

5) A：再见！　　B：再见！
   A：再見！　　B：再見！

6) A：*晚安！　　B：晚安！
   A：*晚安！　　B：晚安！

21

ACTIVITY FIVE   Open dialog: Greetings.

1) Dialog One:

    A：你好吗，＿＿＿＿＿＿（*surname*）小姐/先生？
       你好嗎，＿＿＿＿＿＿（*surname*）小姐/先生？

    B：我很好，你呢，＿＿＿＿＿＿（*surname*）小姐/先生？
       我很好，你呢，＿＿＿＿＿＿（*surname*）小姐/先生？

    A：我也很好。
       我也很好。

2) Dialog Two:

    A：早，＿＿＿＿＿＿（*given name*）！ *Zǎo,*
       早，＿＿＿＿＿＿（*given name*）！

    B：早，＿＿＿＿＿＿（*given name*）！你忙吗？ *Zǎo,*
       早，＿＿＿＿＿＿（*given name*）！你忙嗎？

    A：不很忙，你呢？ *Bu hěn máng, nǐ ne?*
       不很忙，你呢？

    B：很忙。我*要上课了。再见！ *Hěn máng. Wǒ yào shàng kè le. zài jiàn.*
       很忙。我*要上課了。再見！

    A：再见！ *Zài jiàn*
       再見！

3) Dialog Three:

    A：晚上好，＿＿＿＿＿＿（*given name*）！ *wǎn shang hǎo.*
       晚上好，＿＿＿＿＿＿（*given name*）！

    B：晚上好，＿＿＿＿＿＿（*given name*）！你忙吗？ *wǎn shang hǎo.*
       晚上好，＿＿＿＿＿＿（*given name*）！你忙嗎？

    A：不忙，你呢？ *Bù máng, nǐ ne?*
       不忙，你呢？

    B：我也不忙。 *Wǒ yě bù máng.*
       我也不忙。

3. Commands in Class

（无语法项目）

ACTIVITY SIX Matching the pictures with the commands.

1) 请进！
   請進！

2) 请出去！
   請出去！

3) 请拿出书来！
   請拿出書來！

4) 请站起来！
   請站起來！

5) 请坐！
   請坐

6) 请合上书！
   請合上書！

7) 请举手！
   請舉手！

8) 请打开书！
   請打開書！

9) 请拿出笔来！
   請拿出筆來！

a.

b.

c.

d.

e.

f.

g.

h.

i.

23

Step Two: Time & Dates

Topics	Vocab	Activity (oral)	Activity (reading)	Grammar	Exercise
1. Numbers(I) *Pinyin* Text: p.28 Character Text: p.44	p.25	Act 1:p.28 Add or subtract the numbers Act 2:p.28 Recite the multiplication table Act 3:p.29 Multiply the numbers	Act 1:p.44 Act 2:p.45 Act 3:p.46	S2.1:p.156 Numerals (I)	Ex:1,2 p.157
2. Asking the Time *Pinyin* Text: p.33 Character Text: p.46	p.31	Act 4:p.33 Open dialog: What time is it now? Act 5:p.35 Interactions: A brief daily schedule Act 6:p.35 Model dialog: What time is it now by your watch? Act 7:p.36 Interactions: Flight schedules	Act 4:p.46 Act 5:p.48 Act 6:p.49 Act 7.p.50	S2.2:p.157 Ways of Telling Time S2.3:p.159 Alternative Questions	Ex:1,2 p.158 Ex:1,2 p.161
3. Calendar *Pinyin* Text: p.41 Character Text: p.54	p.38	Act 8:p.41 Interactions: What's date today? What day is it today? Act 9:p.41 Interview your classmates Act 10:p.43 Answer the questions Act 11:p.43 Interactions: What's the average temperature?	Act 8:p.54 Act 9:p.55 Act 10:p.56 Act 11:p.57	S2.4:p.163 Dates	Ex:1,2 p.165

STEP TWO   TIME & DATES

I. ORAL ACTIVITIES

1. Numerals（I）

Cf. Grammar S2.1（数词[一]）

VOCABULARY:

1) The cardinal numbers from 0 to 999:

〇 líng 0	一 yī 1	二 èr 2	三 sān 3	四 sì 4	五 wǔ 5	六 liù 6	七 qī 7	八 bā 8	九 jiǔ 9
(一)十 (yī)shí 10	十一 shíyī 11	十二 shí'èr 12	十三 shísān 13	十四 shísì 14	十五 shíwǔ 15	十六 shíliù 16	十七 shíqī 17	十八 shíbā 18	十九 shíjiǔ 19
二十 èrshí 20	二十一 èrshíyī 21	二十二 èrshí'èr 22	二十三 23	二十四 24	二十五 25	二十六 26	二十七 27	二十八 28	二十九 29
三十 sānshí 30	三十一 sānshíyī 31	三十二 32	三十三 33	三十四 34	三十五 35	三十六 36	三十七 37	三十八 38	三十九 39
四十 sìshí 40	四十一 41	四十二 42	四十三 43	四十四 44	四十五 45	四十六 46	四十七 47	四十八 48	四十九 49
五十 wǔshí 50	五十一 51	五十二 52	五十三 53	五十四 54	五十五 55	五十六 56	五十七 57	五十八 58	五十九 59

六十 liùshí 60	六十一 61	六十二 62	六十三 63	六十四 64	六十五 65	六十六 66	六十七 67	六十八 68	六十九 69
七十 qīshí 70	七十一 71	七十二 72	七十三 73	七十四 74	七十五 75	七十六 76	七十七 77	七十八 78	七十九 79
八十 bāshí 80	八十一 81	八十二 82	八十三 83	八十四 84	八十五 85	八十六 86	八十七 87	八十八 88	八十九 89
九十 jiǔshí 90	九十一 91	九十二 92	九十三 93	九十四 94	九十五 95	九十六 96	九十七 97	九十八 98	九十九 99
一百 yībǎi 100	一百〇一 101 yībǎilíng yī	一百〇二 102	一百〇三 103	一百〇四 104	一百〇五 105	一百〇六 106	一百〇七 107	一百〇八 108	一百〇九 109

110 一百一十,111 一百一十一,……　　　119 一百一十九
120 一百二十,121 一百二十一,……　　　129 一百二十九
130 一百三十,……
190 一百九十,……　　　　　　　　　　199 一百九十九
200 两百,……
……
900 九百,……　　　　　　　　　　　　999 九百九十九

2）The ordinal numbers:

The ordinal numbers are formed by adding the prefix "第 dì" before the cardinal numbers, such as "第一", "第二", "第三", … "第九百九十九", meaning "the first", "the second", "the third", … "the nine hundred and ninety-ninth".

1. líng	〇	〇	(n.w)	zero; nil
2. yī	一	一	(n.w.)	one
3. èr	二	二	(n.w.)	two
4. sān	三	三	(n.w.)	three
5. sì	四	四	(n.w.)	four
6. wǔ	五	五	(n.w.)	five
7. liù	六	六	(n.w.)	six

8. qī	七	七	(n.w.)	seven	
9. bā	八	八	(n.w.)	eight	
10. jiǔ	九	九	(n.w.)	nine	
11. shí	十	十	(n.w.)	ten	
12. bǎi	百	百	(n.w.)	hundred	
13. liǎng	两	兩	(n.w.)	two (*which goes with measure words*)	
14. dì	第	第	(prefix)	*the prefix for the ordinal numbers*	
15. jǐ	几	幾	(pron)	*how many; how much; several*	
16. duōshao	多少	多少	(pron)	*how many; how much*	

SUPPLEMENTARY VOCABULARY:

1. jiā	加	加	(v)	to add	
2. děngyú	等于	等於	(v)	to be equal to	
3. jiǎn	减	減	(v)	to subtract	
4. dé	得	得	(v)	to get; to acquire; to obtain	
5. chéng	乘	乘	(v)	to multiply	
6. lì	例	例	(n)	example	

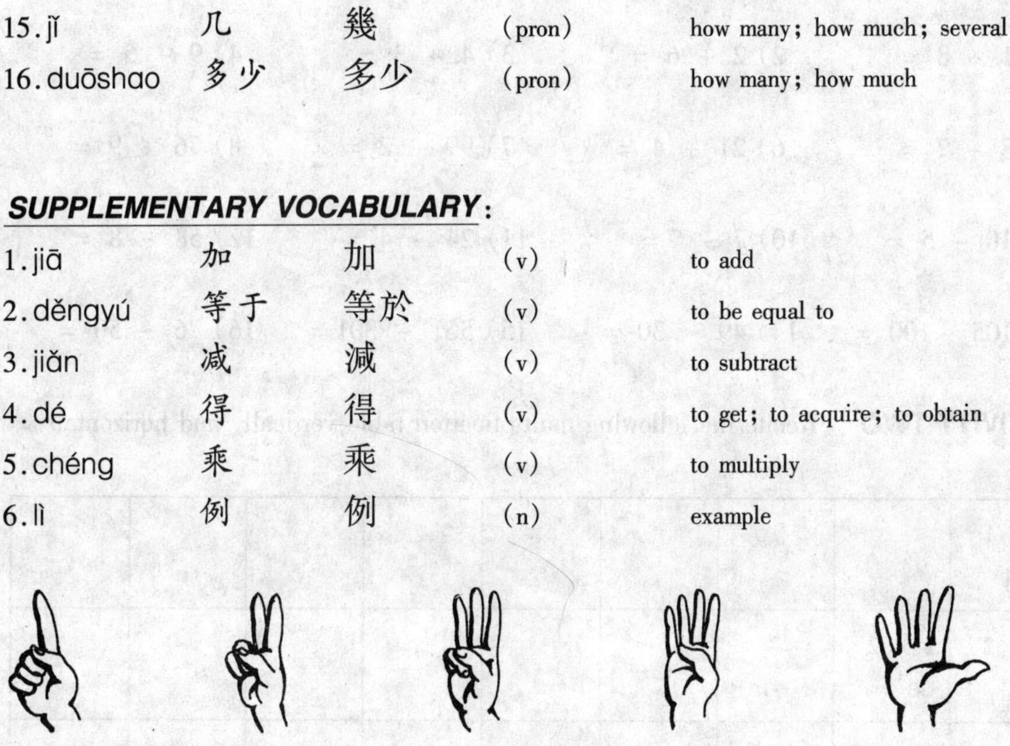

1) yī   2) èr   3) sān   4) sì   5) wǔ

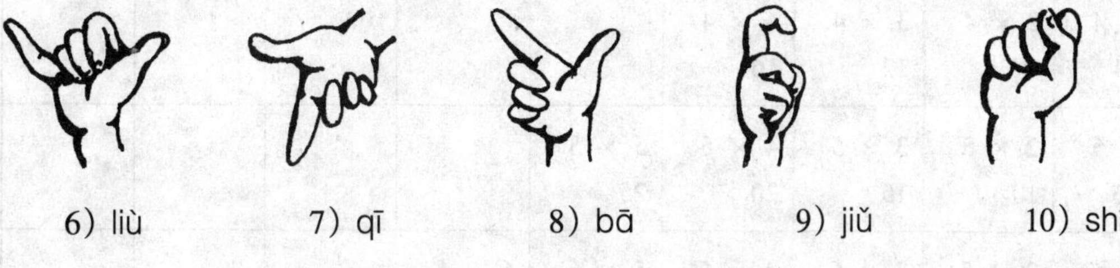

6) liù   7) qī   8) bā   9) jiǔ   10) shí

ACTIVITY ONE Add or subtract the following numbers according to the examples given.

*Lì yī   Example 1：
   A: 1 + 1 = ? (Yī * jiā yī * děngyú jǐ[1]?)
   B: = 2. (Děngyú èr.)

Lì èr   Example 2：
   A: 16 - 5 = ? (Shíliù * jiǎn wǔ děngyú duōshao?)
   B: = 11. (Děngyú shíyī.)

1) 1 + 8 =   2) 2 + 6 =   3) 4 + 3 =   4) 9 + 5 =

5) 8 + 7 =   6) 21 + 4 =   7) 99 + 2 =   8) 76 + 9 =

9) 10 - 5 =   10) 7 - 7 =   11) 24 - 4 =   12) 58 - 8 =

13) 105 - 100 =   14) 49 - 30 =   15) 561 - 301 =   16) 76 - 50 =

ACTIVITY TWO Recite the following multiplication table vertically and horizontally.

1 × 1 dé 1²								
1 × 2 dé 2	2 × 2 dé 4							
1 × 3 dé 3	2 × 3 dé 6	3 × 3 dé 9						
1 × 4 dé 4	2 × 4 dé 8	3 × 4 12	4 × 4 16					
1 × 5 dé 5	2 × 5 10	3 × 5 15	4 × 5 20	5 × 5 25				
1 × 6 dé 6	2 × 6 12	3 × 6 18	4 × 6 24	5 × 6 30	6 × 6 36			

1 × 7 dé 7	2 × 7 14	3 × 7 21	4 × 7 28	5 × 7 35	6 × 7 42	7 × 7 49		
1 × 8 dé 8	2 × 8 16	3 × 8 24	4 × 8 32	5 × 8 40	6 × 8 48	7 × 8 56	8 × 8 64	
1 × 9 dé 9	2 × 9 18	3 × 9 27	4 × 9 36	5 × 9 45	6 × 9 54	7 × 9 63	8 × 9 72	9 × 9 81

ACTIVITY THREE Multiply the following numbers according to the examples given.

Lì Example:

　　A: 6 × 20 = ? (Liù *chéng èrshí děngyú duōshao?)

　　B: = 120. (Děngyú yī bǎi èrshí.)

1) 2 × 15 =　　　　2) 4^3 × 30 =　　　　3) 7 × 20 =　　　　4) 3 × 50 =

5) 10 × 90 =　　　6) 2 × 25 =　　　　　7) 4 × 60 =　　　　8) 7 × 80 =

9) 3 × 30 =　　　　10) 4 × 40 =　　　　11) 5 × 20 =　　　12) 8 × 4 =

NOTE:

1. The difference between "几/幾(jǐ)" and "多少(duōshao)" is that "几/幾", which literally means "several" or "a few", usually refers to numbers less than ten, whereas "多少" usually refers to numbers more than ten.

2. In spoken Chinese, "1 × 1" is read as "yī yī dé yī", meaning "one times one is one", and "4 × 4 = 16" is read as "sì sì shíliù", meaning "four times four is sixteen". As a rule, when the result of the multiplication exceeds ten, the word "dé" is not used.

3. In Western religious tradition, "13" is a considered as a bad number because of the biblical story about Jesus Christ and his 12 disciples. According to the story, one of Christ's disciples, Judas Iscariot, betrayed him. In a similar way, as a part of the folk tradition, certain numbers (especially 4, 8, 9) or combination of numbers (such as 66, 888, 99) are superstitiously believed to carry some mysterious power of good luck or bad luck. This is mainly because of the fact that their pronunciation is identical with or similar to that of certain words which suggest either good or bad meanings. For example, since "4" (sì) sounds almost the same as "sǐ" (死, death), therefore it is considered as a bad number that will probably bring bad luck or even death to people. Similarly, "8" (bā) sounds very close to "发/發"(fā, to be fortunate), so its reduplicated form "888" is believed to bring good fortune to people; "9" (jiǔ) is pronounced the same as "久" (jiǔ, long), so its reduplicated form "99" carries an implied meaning of "ever lasting" or "longevity".

2. Asking the Time

Cf. Grammar S2.2, S2.3（钟点的表示，选择疑问句）

VOCABULARY:

1. xiànzài	现在	現在	(n)	now; nowadays
2. diǎn	点	點	(m.w/n)	o'clock; dot; point
3. fēn/fēnzhōng	分/分钟	分/分鐘	(m.w)	minute
4. kè	刻	刻	(m.w)	a quarter of an hour
5. bàn	半	半	(m.w)	half
6. chà	差	差	(v/a)	to lack; bad
7. zǎoshang	早上	早上	(n.)	(early) morning
8. shàngwǔ	上午	上午	(n.)	morning
9. qǐchuáng	起床	起牀	(v.o)	to get up; to rise; to get out of bed
qǐ	起	起	(v)	to rise; to get up
chuáng	床	牀	(n.)	bed
10. háishì	还是	還是	(conj)	or (used in the alternative question)
11. xiàkè	下课	下課	(v.o)	to get off class; dismiss class
12. zhōngwǔ	中午	中午	(n)	noon
13. chī	吃	吃	(v)	to eat; to dine
14. fàn	饭	飯	(n)	cooked rice; meal; food
15. xiàwǔ	下午	下午	(n)	afternoon
16. wǎnshang	晚上	晚上	(n)	evening
wǎn[-zǎo]	晚[-早]	晚[-早]	(a)	late
17. shuì/shuìjiào	睡/睡觉	睡/睡覺	(v/v.o)	to sleep; to go to bed
18. xièxie	谢谢	謝謝	(v)	to thank; thanks

Poper Names:

1. Běijīng	北京	北京		Beijing

2. Shànghǎi 上海 上海 Shanghai

SUPPLEMENTARY VOCABULARY:

1. zhōng	钟	鐘	(n)	clock; bell; time
2. bànyè	半夜	半夜	(n)	midnight; in the middle of the night
3. biǎo	表	錶	(n)	watch
4. bú kèqi	不客气	不客氣		you're welcome; don't mention it
kèqi	客气	客氣	(a)	polite; courteous; modest
5. chéngshì	城市	城市	(n)	city
6. shíjiān	时间	時間	(n)	time
7. qǐfēi	起飞	起飛	(v)	to take off
fēi	飞	飛	(v)	to fly
8. dàodá	到达	到達	(v/n)	to arrive; arrival
9. dào	到	到	(p/v)	to; to arrive
10. fēijī	飞机	飛機	(n)	airplane; aircraft

Proper Names:

1. Guǎngzhōu	广州	廣州	Guangzhou (Canton)
2. Guìlín	桂林	桂林	Guilin
3. Jiùjīnshān /Sānfānshì	旧金山 /三藩市	舊金山 /三藩市	San Francisco (the Old Gold Mountain)
4. Luòshānjī	洛杉矶	洛杉磯	Los Angeles
5. Niǔyuē	纽约	紐約	New York
6. Xī'ān	西安	西安	Xi'an
7. Xīyǎtú	西雅图	西雅圖	Seattle
8. Táiwān	台湾	台灣	Taiwan
9. Táiběi	台北	台北	Taipei
10. Xiānggǎng	香港	香港	Hong Kong

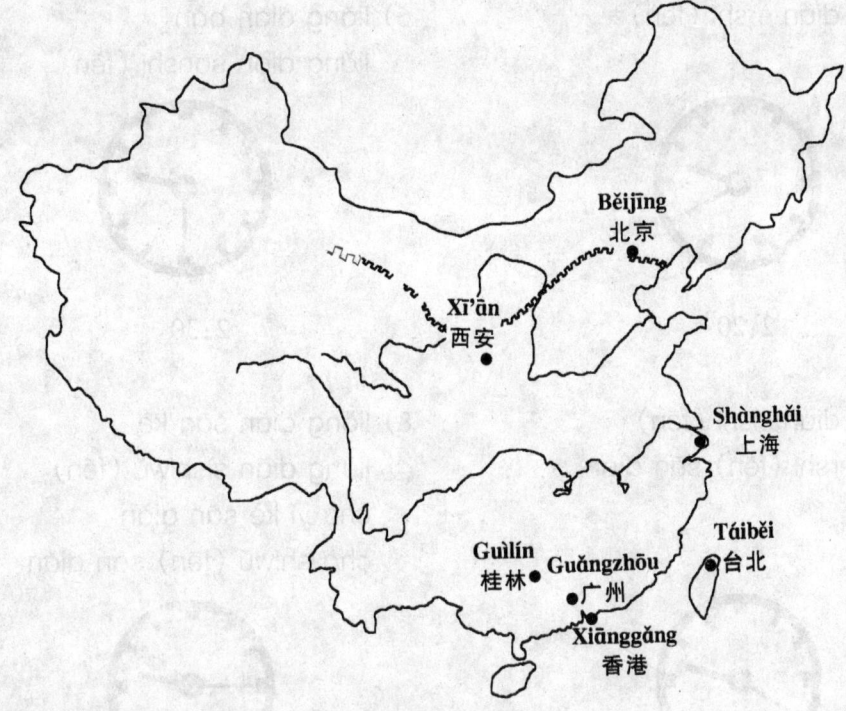

ACTIVITY FOUR Open dialog: What time is it now?

A: Qǐng wèn, xiǎojie / xiānsheng, xiànzài jǐ diǎn?

B: Xiànzài _____.

1) liǎng diǎn (*zhōng)

2:00

2) liǎng diǎn (líng) wǔ fēn
   liǎng diǎn líng wǔ (fēn)

2:05

3) liǎng diǎn shí fēn

2:10

4) liǎng diǎn yí kè
   liǎng diǎn shíwǔ (fēn)

2:15

33

5) liǎng diǎn èrshí (fēn)

2:20

6) liǎng diǎn bàn
   liǎng diǎn sānshí (fēn)

2:30

7) liǎng diǎn sìshí (fēn)
   chà èrshí (fēn) sān diǎn

2:40

8) liǎng diǎn sān kè
   liǎng diǎn sìshíwǔ (fēn)
   chà yí kè sān diǎn
   chà shíwǔ (fēn) sān diǎn

2:45

9) chà wǔ fēn sān diǎn
   liǎng diǎn wǔshíwǔ (fēn)

2:55

10) sān diǎn (zhōng)

3:00

11) zhōngwǔ shí'èr diǎn

12:00pm

12) *bànyè shí'èr diǎn

12:00am

ACTIVITY FIVE   Interactions: A brief daily schedule.

A: Wáng Guìshēng (zǎoshang) qī diǎn qǐchuáng háishì liù diǎn bàn qǐchuáng?

B: Liù diǎn bàn qǐchuáng.

Time	Names / Activities	A Guìshēng	B Fāng Jié	C Ānnà	D Pítè	E Mǎlì
Zǎoshang	qǐchuáng	6:30	7:00	7:30	8:15	8:25
Shàngwǔ	shàngkè	7:45	8:15	9:00	9:30	10:05
Shàngwǔ	xiàkè	11:00	11:15	11:20	11:30	11:45
Zhōngwǔ	chīfàn	12:00	12:05	12:25	12:35	12:55
Xiàwǔ	shàngkè	1:45	1:15	1:25	1:30	2:45
Xiàwǔ	xiàkè	4:05	4:15	4:25	4:30	4:45
Wǎnshang	chī fàn	6:25	7:05	7:35	7:15	8:00
Wǎnshang	shuìjiào	9:35	9:55	10:05	11:45	11:50

ACTIVITY SIX   Model dialog: What time is it by your watch?

A: Qǐng wèn, xiǎojie, nín de biǎo xiànzài jǐ diǎn?

B: Chà yí kè yì diǎn.

A: Xièxie nín, xiǎojie.

B: *Bú kèqi.

请问，小姐，你的表现在几点？

差一刻一点。

35

ACTIVITY SEVEN   Interactions: Asking about the departure and arrival time.

1) A Segment of the Flight Schedule at the Beijing International Airport

Guójì Hángbān   *International Flights*

Cities *Chéngshì	Departure Time Qǐfēi *shíjiān	Cities Chéngshì	Arrival Time Dàodá shíjiān
Běijīng ⟶ *Luòshānjī	7:15	Luòshānjī ⟶ Běijīng	6:30
Běijīng ⟶ *Jiùjīnshān	9:30	Jiùjīnshān ⟶ Běijīng	8:10
Běijīng ⟶ *Xīyǎtú	10:45	Xīyǎtú ⟶ Běijīng	12:15
Běijīng ⟶ *Niǔyuē	14:20	Niǔyuē ⟶ Běijīng	23:45

Guónèi Hángbān   *Domestic Flights*

Cities Chéngshì	Departure Time Qǐfēi shíjiān	Cities Chéngshì	Arrival Time Dàodá shíjiān
Běijīng ⟶ *Shànghǎi	12:40	Shànghǎi ⟶ Běijīng	14:05
Běijīng ⟶ *Guǎngzhōu	14:30	Guǎngzhōu ⟶ Běijīng	16:25
Běijīng ⟶ *Xī'ān	17:05	Xī'ān ⟶ Běijīng	19:39
Běijīng ⟶ *Guìlín	20:05	Guìlín ⟶ Běijīng	22:55

2) A Segment of the Flight Schedule at the Taipei International Airport

Cities Chéngshì	Departure Time Qǐfēi shíjiān	Cities Chéngshì	Arrival Time Dàodá shíjiān
*Táiběi ⟶ *Xiānggǎng	19:05	Xiānggǎng ⟶ Táiběi	21:45

Táiběi⟶*Niǔyuē	8:15	Niǔyuē⟶Táiběi	13:35
Táiběi⟶*Luòshānjī	9:30	Luòshānjī⟶Táiběi	12:15
Táiběi⟶*Jiùjīnshān	11:45	Jiùjīnshān⟶Táiběi	4:05

Lì yī   Example 1:
   A: Běijīng *dào Luòshānjī de fēijī jǐ diǎn *qǐfēi?
   B: Zǎoshang qī diǎn yí kè qǐfēi.

Lì èr   Example 2:
   A: Shànghǎi dào Běijīng de fēijī shísìdiǎn shí fēn dàodá háishì shísìdiǎn wǔ fēn dàodá?
   B: Shísì diǎn wǔ fēn dàodá.

37

3. Calendar

Cf. Grammar S2.4（日期的表达）

VOCABULARY：

1. yuè (yīyuè, èryuè, … shíéryuè	月(一月, 二月,… 十二月)	月(一月, 二月,… 十二月)	(n)	month (January, February, … December)
2. xīngqī [xīngqīyī, èr, sān, sì, wǔ, liù, rì/ tiān]	星期 [星期一, 二,三,四, 五,六, 日/天]	星期 [星期一, 二,三,四, 五,六, 日/天]		week [Monday, Tuesday, Wednesday, Thursday, Friday, Saturday, Sunday]
3. rì	日	日	(n)	date; day
4. hào	号	號	(n)	day of the month; number
5. jīntiān	今天	今天	(n)	today
tiān	天	天	(n)	day; sky
6. míngtiān	明天	明天	(n)	tomorrow
7. zuótiān	昨天	昨天	(n)	yesterday
8. hòutiān	后天	後天	(n)	the day after tomorrow
9. qiántiān	前天	前天	(n)	the day before yesterday
10. jīnnián	今年	今年	(n)	this year
nián	年	年	(n)	year
11. míngnián	明年	明年	(n)	next year
12. qiánnián	前年	前年	(n)	the year before last year
13. qùnián	去年	去年	(n)	last year
14. hòunián	后年	後年	(n)	the year after next year
15. shēngri	生日	生日	(n)	birthday
16. nǎ	哪	哪	(pron)	which
17. shàng(ge xīngqī/ge yuè)	上(个星 期/个月)	上(個星 期/個月)	(n)	last (week/month)
18. xià(ge	下(个星	下(個星	(n)	next (week/month)

	xīngqī/geyuè)	期/个月）	期/個月）		
19.	gè[1]	个	個	(m.w)	*measure word*
20.	yǒu	有	有	(v)	to have; there be
21.	zěnmeyàng	怎么样	怎麼樣	(pron)	how; how about; How's it going?
22.	fēicháng	非常	非常	(ad)	extremely
23.	yǒudiǎnr	有点儿	有點兒	(ad)	a bit; somewhat
24.	rè [– lěng]	热 [– 冷]	熱 [– 冷]	(a)	hot
25.	lěng [– rè]	冷 [– 热]	冷 [– 熱]	(a)	cold

SUPPLEMENTARY VOCABULARY:

tiānqì	天气	天氣	(n)	weather

Nián:

dàqiánnián ——→ yī jiǔ jiǔ bā nián (1998)
qiánnián ——→ yī jiǔ jiǔ jiǔ nián (1999)
qùnián ——→ èr líng líng líng nián (2000)
jīnnián ——→ èr líng líng yī nián (2001)
míngnián ——→ èr líng líng èr nián (2002)
hòunián ——→ èr líng líng sān nián (2003)
dàhòunián ——→ èr líng líng sì nián (2004)

Yuè:

yīyuè
èryuè
sānyuè
sìyuè
wǔyuè ←——— shàng shàng ge yuè
liùyuè ←——— shàng ge yuè
qīyuè ←——— zhè ge yuè
bāyuè ←——— xià ge yuè
jiǔyuè ←——— xià xià ge yuè
shíyuè
shíyīyuè
shí'èryuè

39

2001 **Nián Yīyuè**　　January, 2001

Xīngqī Week	Xīngqīrì Sun	Xīngqīyī M	Xīngqī'èr T	Xīngqīsān W	Xīngqīsì Th	Xīngqīwǔ F	Xīngqīliù Sat
shàng shàng ge xīngqī		1 yī hào / rì	2 èr hào / rì	3 sān hào / rì	4 sì hào / rì	5 wǔ hào / rì	6 liù hào / rì
shàng ge xīngqī	7 qī hào / rì	8 bā hào / rì	9 jiǔ hào / rì	10 shí hào / rì	11	12	13
zhè ge xīngqī	14	15	16	17	18	19	20
xià ge xīngqī	21	22	23	24	25	26	27
xià xià ge xīngqī	28	29	30	31			

Tiān / rì/ hào[2] :

dàqiántiān ──────── yīyuè liù hào/rì （1/6）
qiántiān/rì──────── yīyuè qī hào/rì （1/7）
zuótiān/rì──────── yīyuè bā hào/rì （1/8）
jīntiān/rì──────── **yīyuè jiǔ hào/rì （1/9）**
míngtiān/rì──────── yīyuè shí hào/rì （1/10）
hòutiān ──────── yīyuè shíyī hào/rì （1/11）
dàhòutiān ──────── yīyuè shí'èr hào/rì （1/12）

```
           PAST ←──── NOW ────→ FUTURE
                    Xiànzài
```

dàqiántiān	qiántiān	zuótiān	**jīntiān**	míngtiān	hòutiān	dàhòutiān
dàqiánnián	qiánnián	qùnián	**jīnnián**	míngnián	hòunián	dàhòunián
	shàng shàng ge yuè	shàng ge yuè	**zhè ge yuè**	xià ge yuè	xià xià ge yuè	
	shàng shàng ge xīngqī	shàng ge xīngqī	**zhè ge xīngqī**	xià ge xīngqī	xià xià ge xīngqī	

ACTIVITY EIGHT Interactions: What's the date today? What day is it today?

Lì yī   Example 1:
    A: Jīntiān (shì) jǐ yuè jǐ hào, xīngqī jǐ?
    B: Jīntiān (shì) jiǔyuè èrshísì hào, xīngqī sì.

Lì èr   Example 2:
    A: Jīntiān (shì) èrshísān hào háishì èrshísì hào?
    B: Jīntiān (shì) èrshísì hào.

Lì sān   Example 3:
    A: Jīntiān (shì) xīngqīsān háishì xīngqīsì?
    B: Jīntiān (shì) xīngqīsì.

2000 Nián Shíyuè Dì Sì Ge Xīngqī

(The 4th Week of October, 2000)

dàqiántiān	qiántiān	zuótiān	**jīntiān**	míngtiān	hòutiān	dàhòutiān
xīngqīyī	xīngqī'èr	xīngqīsān	**xīngqīsì**	xīngqīwǔ	xīngqīliù	xīngqīrì
10/22	10/23	10/24	**10/25**	10/26	10/27	10/28

ACTIVITY NINE Interview your classmates.

Lì   Example:
    A: Qǐng wèn, nín jiào shénme míngzi?
    B: Wǒ jiào Wáng Guìshēng.
    A: Nín de shēngri shì nǎ yì nián? Jǐ yuè jǐ hào?
    B: (Wǒ de shēngri shì) yī jiǔ qī sān (1973) nián liùyuè èrshísì rì.

	Míngzi	Nián	Yuè	Rì
1)	Wáng Guìshēng	1973	6	24
2)	Steven Christopher Ringler	1980	10	9
3)	Kuwakino Miho	1983	1	26
4)	~~Katrin~~ Ke Juana	1977	5	12

5) _Cynthia_   1983   12   16

6) _Sannie_   1981   8   11

7) _Lee, Joon_   1967   10   15

8) _Lyn, Gene_   1983   8   2

ACTIVITY TEN   Answer the following questions.

1) Yì nián yǒu duōshao tiān? Yǒu jǐ ge yuè? Yǒu duōshao ge xīngqī?
2) Jīnnián shì nǎ yì nián? Zhè ge yuè shì jǐ yuè? Jīntiān shì jǐ hào? Xīngqī jǐ?
3) Zhè ge yuè yǒu duōshao tiān? Yǒu jǐ ge xīngqītiān?
4) Zhè ge xīngqītiān shì jǐ hào? Shàng ge xīngqītiān ne? Xià ge xīngqītiān ne?
5) Nǐ xīngqī jǐ shàngkè? Nǐ shàngwǔ shàngkè, xiàwǔ shàngkè, háishì wǎnshang shàngkè?

ACTIVITY ELEVEN   Interactions: What's the average temperature[3]?

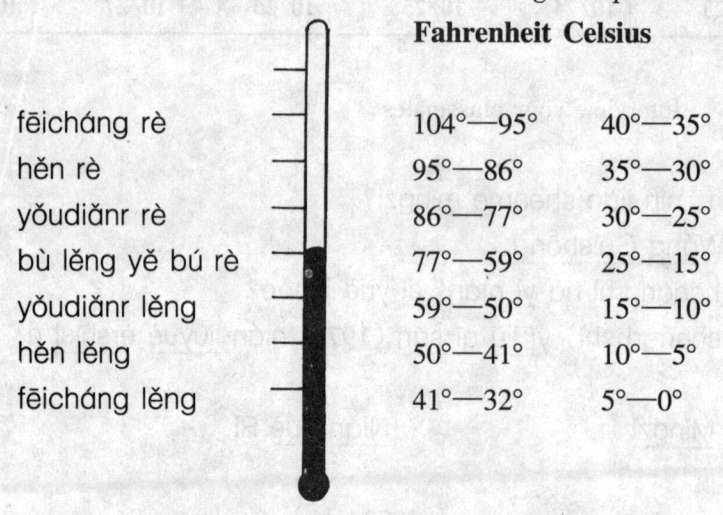

	Fahrenheit	Celsius
fēicháng rè	104°—95°	40°—35°
hěn rè	95°—86°	35°—30°
yǒudiǎnr rè	86°—77°	30°—25°
bù lěng yě bú rè	77°—59°	25°—15°
yǒudiǎnr lěng	59°—50°	15°—10°
hěn lěng	50°—41°	10°—5°
fēicháng lěng	41°—32°	5°—0°

The Average Temperature of Some Chinese Cities

Chéngshì

(Cities)	Yīyuè	Èryuè	Sānyuè	Sìyuè	Wǔyuè	Liùyuè	Qīyuè	Bāyuè	Jiǔyuè	Shíyuè	Shíyīyuè	Shí'èryuè
BJ	−4.7	−2.3	4.4	13.2	20.2	24.2	26.0	24.6	19.5	12.5	4.0	−2.8
SH	3.3	4.6	8.3	13.8	18.8	23.2	27.9	27.8	23.8	17.9	12.5	6.2
GZ	13.4	14.2	17.7	21.8	25.7	27.2	28.3	28.2	27.0	23.8	19.7	15.2
XA	−1.3	2.1	8.0	14.0	19.2	25.3	26.7	25.4	19.4	13.6	6.5	0.6

GL   8.0   9.0   13.1   18.4   23.1   26.2   28.3   27.8   25.8   20.7   15.2   10.1

(BJ = Běijīng; SH = Shànghǎi; GZ = Guǎngzhōu; XA = Xī'ān; GL = Guìlín)

Lì   Example:
   A: <u>Běijīng sānyuè</u> de *tiānqì zěnmeyàng?
   B: <u>Fēicháng lěng</u>.
   A: <u>Shànghǎi</u> ne?
   B: <u>Hěn lěng</u>.

NOTES:

1. In Chinese a numeral word is usually used with a measure word before a countable noun. After demonstrative pronouns "这/這(zhè)", "那(nà)" and interrogative pronouns "哪(nǎ)", "几/幾(jǐ)", a measure is also required to modify a countable noun. For example, "这/這(一)个/個星期(zhè (yī) ge xīngqī, this week)". For both "年" and "天", however, no measure word is needed, therefore it is incorrect to say "这/這(一)个/個年" and "这/這(一)个/個天". One should say "这/這(一)年" and "这/這(一)天", respectively. The measure word "个/個(gè)", which is usually pronounced in the neutral tone, is the most frequently used one. Please see Grammar S4.1 for detailed explanation.

2. When "日(rì)" and "天(tiān)" are used to denote day or days, the former is often used in formal writing while the latter is used in spoken language; hence, "前日(qiánrì)", "昨日(zuórì)", "今日(jīnrì)" and "明日(míngrì)" are more formal than "前天(qiántiān)", "昨天(zuótiān)", "今天(jīntiān)" and "明天(míngtiān)". The same rule applies to "日(rì)" and "号/號(hào)" when they are used to indicate days of the month; for example, "五月五日(wǔyuè wǔrì)" is also more formal than "五月五号/號(wǔyuè wǔhào)". Another point should be noted is that the measure word "个/個(gè) is usually **not** used together with "天" or "日" to indicate the number of days, so it is incorrect to say "一个/個天" or "十个/個天". The correct expressions are "一天" for one day and "十天" for ten days, respectively. This exception also applies to the word "年". Moreover, one should also note the following differences: "一月" means the first month or January, whereas "一个/個月" indicates one month (of time); "星期一" means Monday or the first day of the week, whereas "一个/個星期" indicates one week (of time).

3. In China the centigrade system is used to measure temperature. The formula for converting the centigrade system to the Fahrenheit system is (℃ × 9/5) + 32. The following table of some of the benchmark equivalents is for your reference:

The Centigrade System	-20	-10	0	10	20	30	40
The Fahrenheit System	-4	14	32	50	68	86	104

II. CHINESE CHARACTER RECOGNITION

> **1. Numerals（I）**

Cf. Grammar S2.1（数词[一]）

1) 一   2) 二   3) 三   4) 四   5) 五

6) 六   7) 七   8) 八   9) 九   10) 十

ACTIVITY ONE Add or subtract the following numbers according to the examples given.

例一　Example 1：

　　　A：1 + 1 = ?（一*加一*等于几¹?）
　　　　 1 + 1 = ?（一*加一*等於幾¹?）

　　　B：= 2。（等于二。）
　　　　 = 2。（等於二。）

例二　Example 2：

　　　A：16 - 5 =（十六*减五等于多少?）
　　　　 16 - 5 =（十六*減五等於多少?）

　　　B：= 11（等于十一）。
　　　　 = 11（等於十一）。

44

1) 1 + 8 =   2) 2 + 6 =   3) 4 + 3 =   4) 9 + 5 =

5) 8 + 7 =   6) 21 + 4 =   7) 99 + 2 =   8) 76 + 9 =

9) 10 − 5 =   10) 7 − 7 =   11) 24 − 4 =   12) 58 − 8 =

13) 105 − 100 =   14) 49 − 30 =   15) 561 − 301 =   16) 76 − 50 =

ACTIVITY TWO   Recite the following multiplication table vertically and horizontally.

一一 得一²								
一二 得二	二二 得四							
一三 得三	二三 得六	三三 得九						
一四 得四	二四 得八	三四 十二	四四 十六					
一五 得五	二五 一十	三五 十五	四五 二十	五五 二十五				
一六 得六	二六 十二	三六 十八	四六 二十四	五六 三十	六六 三十六			
一七 得七	二七 十四	三七 二十一	四七 二十八	五七 三十五	六七 四十二	七七 四十九		
一八 得八	二八 十六	三八 二十四	四八 三十二	五八 四十	六八 四十八	七八 五十六	八八 六十四	
一九 得九	二九 十八	三九 二十八	四九 三十六	五九 四十五	六九 五十四	七九 六十三	八九 七十二	九九 八十一

ACTIVITY THREE   Multiply the following numbers according to the examples given.

例　Example:

　　A: 6×20 = ? (六*乘二十*等于多少?)
　　　　6×20 = ? (六*乘二十*等於多少?)

　　B:　= 120 (等于一百二十)。
　　　　= 120 (等於一百二十)。

1) 2×15 =　　2) $4^3 \times 30$ =　　3) 7×20 =　　4) 3×50 =

5) 10×90 =　　6) 2×25 =　　7) 4×60 =　　8) 7×80 =

9) 3×30 =　　10) 4×40 =　　11) 5×20 =　　12) 8×4 =

> 2. Asking the Time

Cf. Grammar S2.2, S2.3 (钟点的表示,选择疑问句)

ACTIVITY FOUR   Open dialog: What time is it now?

　　A: 请问,小姐/先生,现在几点?
　　　　請問,小姐/先生,現在幾點?

　　B: 现在 ＿＿＿＿＿＿。
　　　　現在 ＿＿＿＿＿＿。

1) 两点(*钟)　　　　　　　2) 两点(○)五分/两点○五(分)
　　兩點(*鐘)　　　　　　　　兩點(○)五分/兩點○五(分)

　　　2:00　　　　　　　　　　　　2:05

3) 两点十分
   兩點十分

   2:10

4) 两点一刻/两点十五(分)]
   兩點一刻/兩點十五(分)]

   2:15

5) 两点二十(分)
   兩點二十(分)

   2:20

6) 两点半/两点三十(分)
   兩點半/兩點三十(分)

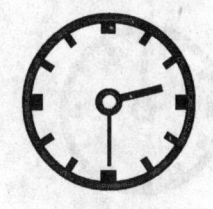

   2:30

7) 两点四十(分)/差二十(分)三点
   兩點四十(分)/差二十(分)三點

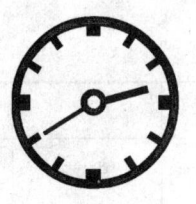

   2:40

8) 两点三刻/两点四十五(分)/差一刻三点/差十五(分)三点
   兩點三刻/兩點四十五(分)/差一刻三點/差十五(分)三點

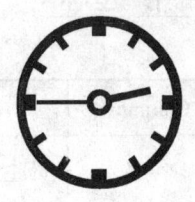

   2:45

47

9) 差五分三点/两点五十五(分)　10) 三点(钟)
　　差五分三點/兩點五十五(分)　　　 三點(鐘)

　　　　2:55　　　　　　　　　　　3:00

11) 中午十二点　　　　　　　12) *半夜十二点
　　中午十二點　　　　　　　　 *半夜十二點

　　　12:00pm　　　　　　　　　12:00am

ACTIVITY FIVE　Interactions: A brief daily schedule.

A: 王贵生(早上)七点起床 还是 六点半 起床?
　 王貴生(早上)七點起牀 還是 六點半 起牀?

B: 六点半 起床。
　 六點半 起牀。

Time	Columns 名字 Activities	A 贵生/貴生	B 方介	C 安娜 Ānnà	D 皮特 Pítè	E 玛丽/瑪麗 Mǎlì
早上	起床/起牀	6:30	7:00	7:30	8:15	8:25
上午	上课/上課	7:45	8:15	9:00	9:30	10:05

48

上午	下课/下課	11:00	11:15	11:20	11:30	11:45
中午	吃饭/吃飯	12:00	12:05	12:25	12:35	12:55
下午	上课/上課	1:45	1:15	1:25	1:30	2:45
下午	下课/下課	4:05	4:15	4:25	4:30	4:45
晚上	吃饭/吃飯	6:25	7:05	7:35	7:15	8:00
晚上	睡觉/睡覺	9:35	9:55	10:05	11:45	11:50

ACTIVITY SIX   Model dialog: What time is it by your watch?

A: 请问，小姐/先生，您的*表现在几点？
　　請問，小姐/先生，您的*錶現在幾點？

B: 差一刻一点。
　　差一刻一點。

A: 谢谢您，小姐/先生。
　　謝謝您，小姐/先生。

B: *不客气。
　　*不客氣。

49

ACTIVITY SEVEN Interactions: Asking about the departure and arrival time.
1) A Segment of the Flight Schedule at the Beijing International Airport

Guójì Hángbān
国际航班／國際航班 International Flights

Cities 城市	Departure Time 起飞*时间 起飛*時間	Cities 城市	Arrival Time 到达时间 到達時間
北京─→*洛杉矶 北京─→*洛杉磯	7:15	洛杉矶─→北京 洛杉磯─→北京	6:30
北京─→*旧金山 北京─→*舊金山	9:30	旧金山─→北京 舊金山─→北京	8:10
北京─→*西雅图 北京─→*西雅圖	10:45	西雅图─→北京 西雅圖─→北京	12:15
北京─→*纽约 北京─→*紐約	14:20	纽约─→北京 紐約─→北京	23:45

Guónèi Hángbān
国内航班／國內航班 Domestic Flights

Cities 城市	Departure Time 起飞时间 ／起飛時間	Cities 城市	Arrival Time 到达时间 ／到達時間
北京─→*上海	12:40	上海─→北京	14:05
北京─→*广州 北京─→*廣州	14:30	广州─→北京 廣州─→北京	16:25
北京─→*西安	17:05	西安─→北京	19:39
北京─→*桂林	20:05	桂林─→北京	22:55

2) A Segment of the Flight Schedule at the Taipei International Airport

Cities 城市	Departure Time 起飞时间 起飛時間	Cities 城市	Arrival Time 到达时间 到達時間
*台北──→*香港 *台北──→*香港	19:05	香港──→台北 香港──→台北	21:45
台北──→*纽约 台北──→*紐約	8:15	纽约──→台北 紐約──→台北	13:35
台北──→*洛杉矶 台北──→*洛杉磯	9:30	洛杉矶──→台北 洛杉磯──→台北	12:15
台北──→*旧金山 台北──→*舊金山	11:45	旧金山──→台北 舊金山──→台北	4:05

例一 Example 1:

　　A：北京*到*洛杉矶的飞机几点*起飞？
　　　北京*到*洛杉磯的飛機幾點*起飛？

　　B：早上七点一刻起飞。
　　　早上七點一刻起飛。

例二 Example 2:

　　A：上海到北京的飞机十四点十分*到达还是十四点五分到达？
　　　上海到北京的飛機十四點十分*到達還是十四點五分到達？

　　B：十四点五分到达。
　　　十四點五分到達。

3. Calendar

　　Cf. Grammar S2.4（日期的表达）

年：	月：
大前年————→一九九八年	一月
大前年————→一九九八年	一月
前年————→一九九九年	二月
前年————→一九九九年	二月
去年———→二〇〇〇年	三月
去年———→二〇〇〇年	三月
今年————→二〇〇一年	四月
明年———→二〇〇二年	五月←——上上个月
明年———→二〇〇二年	五月←——上上個月
后年———→二〇〇三年	六月←——上个月
後年———→二〇〇三年	六月←——上個月
大后年————→二〇〇四年	七月←——这个月
大後年————→二〇〇四年	七月←——這個月
	八月←——下个月
	八月←——下個月
	九月←——下下个月
	九月←——下下個月
	十月
	十月
	十一月
	十一月
	十二月
	十二月

2001 年 1 月　**January, 2001**

星期 Week	星期日 Sun	星期一 M	星期二 T	星期三 W	星期四 Th	星期五 F	星期六 Sat
上上个星期 上上個星期		1 号/日 號/日	2 号/日 號/日	3 号/日 號/日	4 号/日 號/日	5 号/日 號/日	6 号/日 號/日
上个星期 上個星期	7 号/日 號/日	8 号/日 號/日	9 号/日 號/日	10 号/日 號/日	11 号/日 號/日	12 号/日 號/日	13 号/日 號/日
这个星期 這個星期	14 号/日 號/日	15 号/日 號/日	16 号/日 號/日	17 号/日 號/日	18 号/日 號/日	19 号/日 號/日	20 号/日 號/日
下个星期 下個星期	21 号/日 號/日	22 号/日 號/日	23 号/日 號/日	24 号/日 號/日	25 号/日 號/日	26 号/日 號/日	27 号/日 號/日
下下个星期 下下個星期	28 号/日 號/日	29 号/日 號/日	30 号/日 號/日	31 号/日 號/日			

天/日/号[2]：
天/日/號[2]：

大前天 ———— 一月六号/日
大前天 ———— 一月六號/日

前天/日 ———— 一月七号/日
前天/日 ———— 一月七號/日

昨天/日 ———— 一月八号/日
昨天/日 ———— 一月八號/日

今天/日 ———— 一月九号/日
今天/日 ———— 一月九號/日

明天/日 ———— 一月十号/日
明天/日 ———— 一月十號/日

后天 ──── 一月十一号/日
後天 ──── 一月十一號/日

大后天 ──── 一月十二号/日
大後天 ──── 一月十二號/日

PAST ←──── NOW ────→ FUTURE
　　　　　　现在

大前天 大前天	前天/日 前天/日	昨天/日 昨天/日	今天/日 今天/日	明天/日 明天/日	后天 後天	大后天 大後天
大前年 大前年	前年 前年	去年 去年	今年 今年	明年 明年	后年 後年	大后年 大後年
	上上个月 上上個月	上个月 上個月	这个月 這個月	下个月 下個月	下下个月 下下個月	
	上上个星期 上上個星期	上个星期 上個星期	这个星期 這個星期	下个星期 下個星期	下下个星期 下下個星期	

ACTIVITY EIGHT　　Interactions: What's the date today? What day is it today?

例一　Example 1:

　　A：今天(是)几月几号，星期几？
　　　　今天(是)幾月幾號，星期幾？

　　B：今天(是)一九九八年九月二十四号，星期四。
　　　　今天(是)一九九八年九月二十四號，星期四。

例二　Example 2:

　　A：今天(是)二十三号还是二十四号？
　　　　今天(是)二十三號還是二十四號？

　　B：今天(是)二十四号。
　　　　今天(是)二十四號。

例三　Example 3：

　　A：今天(是)星期三还是星期四？
　　　　今天(是)星期三還是星期四？

　　B：今天(是)星期四。
　　　　今天(是)星期四。

二〇〇〇年十月（第四个星期/第四個星期）

大前天 大前天	前天 前天	昨天 昨天	今天 今天	明天 明天	后天 後天	大后天 大後天
星期一	星期二	星期三	星期四	星期五	星期六	星期日
10月22日	10月23日	10月24日	**10月25日**	10月26日	10月27日	10月28日

ACTIVITY NINE　Interview your classmates.

例 Example：　　A：请问，你叫什么名字？
　　　　　　　　請問，你叫甚麽名字？

　　　　　　　B：我叫王贵生。
　　　　　　　　我叫王貴生。

　　　　　　　A：你的生日是哪一年？几月几号？
　　　　　　　　你的生日是哪一年？幾月幾號？

　　　　　　　B：(我的生日是)一九七三年六月二十四日。
　　　　　　　　(我的生日是)一九七三年六月二十四日。

	名字	年	月	日
1)	王贵生 王貴生	73 73	6 6	24 24
2)	_____	_____	_____	_____
3)	_____	_____	_____	_____

4) _____   _____   _____   _____

5) _____   _____   _____   _____

6) _____   _____   _____   _____

7) _____   _____   _____   _____

8) _____   _____   _____   _____

ACTIVITY TEN   Answer the following questions.

1) 一年有多少天？有几个月？有多少个星期？一个星期有几天？
   一年有多少天？有幾個月？有多少個星期？一個星期有幾天？

2) 今年是哪一年？这个月是几月？今天是几号？星期几？
   今年是哪一年？這個月是幾月？今天是幾號？星期幾？

3) 这个月有多少天？有几个星期天？
   這個月有多少天？有幾個星期天？

4) 这个星期天是几号？上个星期天呢？下个星期天呢？
   這個星期天是幾號？上個星期天呢？下個星期天呢？

5) 你星期几上课？你上午上课，下午上课，还是晚上上课？
   你星期幾上課？你上午上課，下午上課，還是晚上上課？

ACTIVITY ELEVEN   Interactions: What's the average temperature[3]?

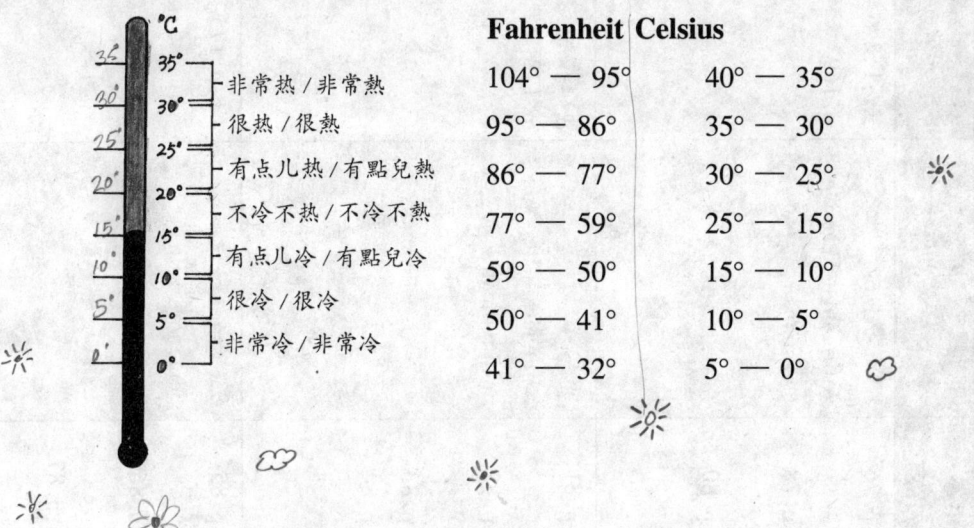

°C	
35°	非常热/非常熱
30°	很热/很熱
25°	有点儿热/有點兒熱
20°	不冷不热/不冷不熱
15°	有点儿冷/有點兒冷
10°	
5°	很冷/很冷
0°	非常冷/非常冷

Fahrenheit   Celsius

Fahrenheit	Celsius
104° — 95°	40° — 35°
95° — 86°	35° — 30°
86° — 77°	30° — 25°
77° — 59°	25° — 15°
59° — 50°	15° — 10°
50° — 41°	10° — 5°
41° — 32°	5° — 0°

The Average Temperature of Some Chinese Cities

城市	一月	二月	三月	四月	五月	六月	七月	八月	九月	十月	十一月	十二月
北京	-4.7	-2.3	4.4	13.2	20.2	24.2	26.0	24.6	19.5	12.5	4.0	-2.8
上海	3.3	4.6	8.3	13.8	18.8	23.2	27.9	27.8	23.8	17.9	12.5	6.2
广州/廣州	13.4	14.2	17.7	21.8	25.7	27.2	28.3	28.2	27.0	23.8	19.7	15.2
西安	-1.3	2.1	8.0	14.0	19.2	25.3	26.7	25.4	19.4	13.6	6.5	0.6
桂林	8.0	9.0	13.1	18.4	23.1	26.2	28.3	27.8	25.8	20.7	15.2	10.1

例 Example:

A: 北京三月的*天气怎么样?
　　北京三月的*天氣怎麼樣?

B: 非常冷。
　　非常冷。

A: 上海呢?
　　上海呢?

B: 很冷。
　　很冷。

57

Step Three: About Your Classmates

Topics	Vocab	Activity (oral)	Activity (reading)	Grammar	Exercise
1. Countries, Nationalities & Languages *Pinyin* Text: p. 59 Character Text: p. 76	p. 59	Act 1: p. 61 Create dialogs according to the model Act 2: p. 61 Interactions: Countries, nationalities and languages Act 3: p. 64 Interview your classmates to find out their nationalities and languages they speak	Act 1: p. 76 Act 2: p. 78 Act 3: p. 80	S3.1: p. 167 Affirmative-Negative Questions	Ex: 1, 2 p. 169
2. Asking for Information *Pinyin* Text: p. 67 Character Text: p. 81	p. 66	Act 4: p. 67 Ask your classmates' age Act 5: p. 67 Interview your classmates: people's age Act 6: p. 68 Substitution dialog: What's his/her room number? Act 7: p. 69 Model dialog: Your classmates' phone numbers	Act 4: p. 81 Act 5: p. 82 Act 6: p. 83 Act 7: p. 84	S3.2: p. 171 Sentences with Nominal Predicates	Ex: 1 p. 172
3. Personal Data *Pinyin* Text: p. 72 Character Text: p. 85	p. 71	Act 8: p. 72 Answer the questions according to the I.D. Act 9: p. 72 Situational dialog: Reporting a case of the missing student to the police Act 10: p. 73 Interview your classmates: Personal data	Act 8: p. 85 Act 9: p. 86 Act 10: p. 87	S3.3: p. 173 Sentences with "*shi...de*"	Ex: p. 175

STEP THREE   ABOUT YOUR CLASSMATES

I. ORAL ACTIVITIES

1. Countries, Nationalities & Languages

Cf. Grammar S3.1（正反疑问句）

***VOCABULARY*:**

1. yǔ/ yǔyán	语/语言	語/語言	(n)	language
2. rén	人	人	(n)	person; people
3. nà	那	那	(pron)	that
4. tóngxué	同学	同學	(n)	classmate
5. guó/guójiā	国/国家	國/國家	(n)	country; state
6. shuō	说	說	(v)	to speak; to say
7. xué/xuéxí	学/学习	學/學習	(v)	to learn; to study
8. kěshì	可是	可是	(conj)	but; however
9. wén	文	文	(n)	(written) language

***Proper Names*:**

1. Déguó	德国	德國	Germany
2. Éguó	俄国	俄國	Russia
3. Fǎguó	法国	法國	France
4. Měiguó	美国	美國	USA
5. Rìběn	日本	日本	Japan
6. Yīngguó	英国	英國	England; UK

7. Zhōngguó	中国	中國		China (or the Middle Kingdom)

SUPPLEMENTARY VOCABULARY:

mínzú	民族	民族	(n)	nationality; nation

Proper Names:

1. Àodàlìyà	澳大利亚	澳大利亞	Australia
2. Cháoxiǎn	朝鲜	朝鮮	North Korea
3. Hánguó	韩国	韓國	South Korea
4. Jiānádà	加拿大	加拿大	Canada
5. Mòxīgē	墨西哥	墨西哥	Mexico
6. Xībānyá	西班牙	西班牙	Spain
7. Yìdàlì	意大利	意大利	Italy
8. Yìndù	印度	印度	India
9. Yìndùníxīyà	印度尼西亚	印度尼西亞	Indonesia
10. Yuènnán	越南	越南	Vietnam
11. Hú'ān	胡安	胡安	Juan (a Spanish name)
12. Kǎosījī	考斯基	考斯基	Kautsky (a Russian name)
13. Mǎkě Bōluó	马可·波罗	馬可·波羅	Marco Polo (an Italian name)
14. Tiánzhōng	田中	田中	Tanaka (a Japanese name)

Guójiā	*Mínzú	Yǔyán
Déguó[1]	Déguórén	Déyǔ / Déwén[2]
Éguó	Éguórén	Éyǔ / Éwén
Fǎguó	Fǎguórén	Fǎyǔ / Fǎwén
Měiguó	Měiguórén	Yīngyǔ / Yīngwén
Rìběn	Rìběnrén	Rìyǔ / Rìwén
Yīngguó	Yīngguórén	Yīngyǔ / Yīngwén
Zhōngguó	Zhōngguórén	Hànyǔ / Zhōngwén
*Àodàlìyà	Àodàlìyàrén	Yīngyǔ / Yīngwén
Cháoxiǎn	Cháoxiǎnrén	Cháoxiǎnyǔ / Cháoxiǎnwén

60

Hánguó	Hánguórén	Cháoxiǎnyǔ / Cháoxiǎnwén
Jiānádà	Jiānádàrén	Yīngyǔ / Yīngwén; Fǎyǔ / Fǎwén
Mòxīgē	Mòxīgērén	Xībānyáyǔ / Xībānyáwén
Xībānyá	Xībānyárén	Xībānyáyǔ / Xībānyáwén
Yìdàlì	Yìdàlìrén	Yìdàlìyǔ / Yìdàlìwén
Yìndù	Yìdùrén	Yìdùyǔ / Yìdùwén
Yìndùníxīyà (Yìnní)	Yìndùnníxīyàrén (Yìnnírén)	Yìndùníxīyàyǔ (Yìnníyǔ) / Yìndùníxīyàwén (Yìnníwén)
Yuènán	Yuènánrén	Yuènányǔ / Yuèn nánwén

ACTIVITY ONE Create dialogs based on the table above and the example below.

Lì Example:

  A: Fǎguórén shuō bu shuō Hànyǔ?

  B: Fǎguórén bù shuō Hànyǔ, shuō Fǎyǔ.

ACTIVITY TWO Interactions: Countries, nationalities and languages.

1) Mǎkè, Fǎguórén   2) Ānnà, Měiguórén

Shìjiè dìtú
世界地图/世界地圖

西班牙 法国 英国 德国 俄罗斯 意大利 印度 越南 朝鲜 澳大利亚 印度尼西亚 中国 日本 韩国 墨西哥 美国 加拿大

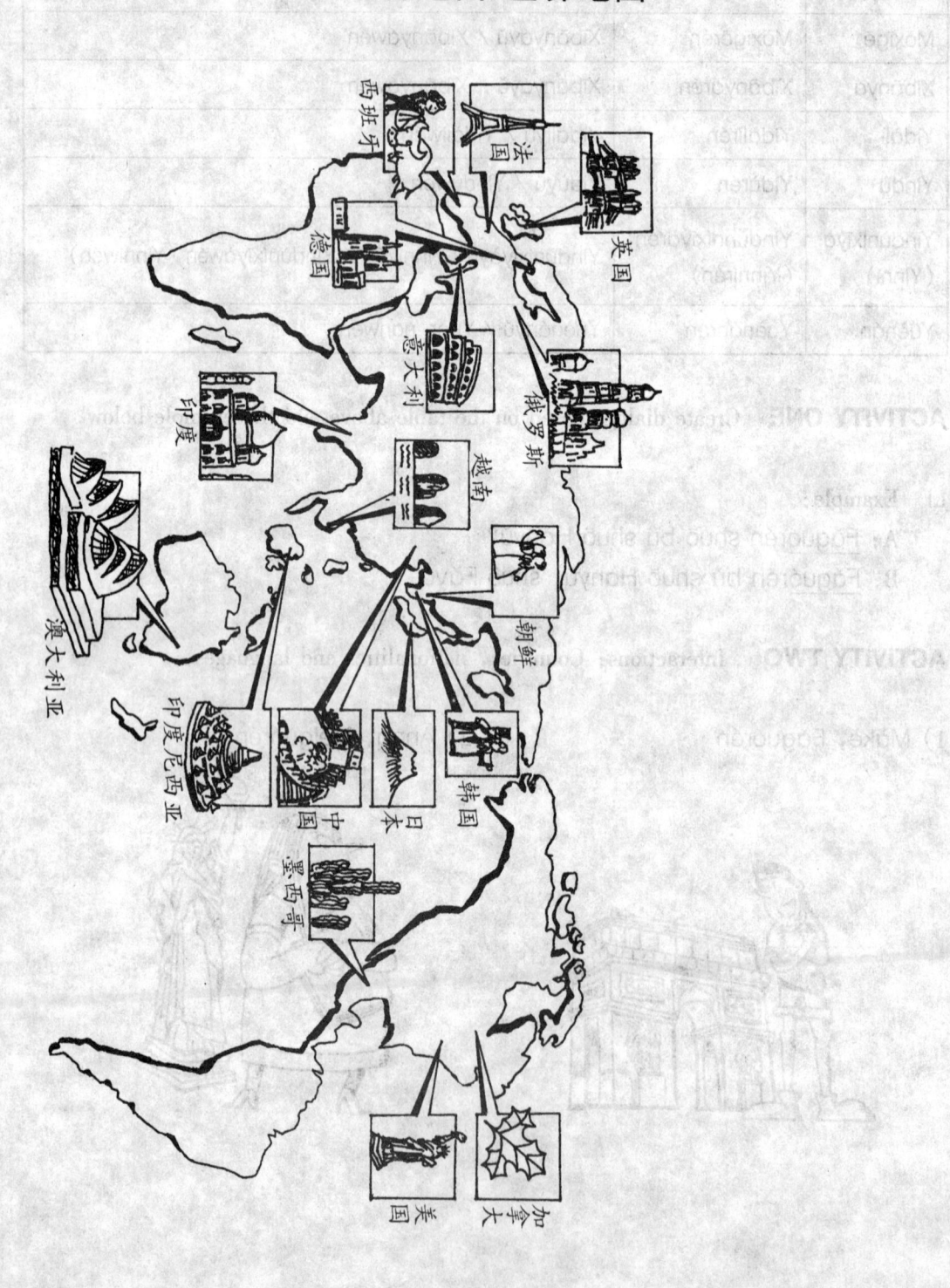

62

3) Tiánzhōng, Rìběnrén

4) Mǎlì, Déguórén

5) Dàwèi, Yīngguórén

6) Kǎosījī, Éguórén

7) Hú'ān,* Xībānyárén

8) Mǎkě Bōluó,* Yìdàlìrén

Lì yī   Example 1:
　　A: Nà shì shéi?
　　B: Nà shì wǒ tóngxué, Mǎkè.
　　A: Tā shì bu shì Fǎguórén?
　　B: (Tā) shì, tā shuō Fǎyǔ.

Lì èr   Example 2:
　　A: Mǎkè shì bu shì Měiguórén?
　　B: (Mǎkè) bú shì Měiguórén, shì Fǎguórén, kěshì tā xuéxí Yīngwén.

ACTIVITY THREE　　Interview your classmates.

1) Lì   Example:
A: Qǐng wèn, nín shì nǎ guó rén?　　　Míngzi　　*Mínzú　　Yǔyán
B: Wǒ shì Zhōngguó rén, wǒ shuō
　　Hànyǔ.　　　　　　　　　　　　1) _____ _____ _____

　　　　　　　　　　　　　　　　　　2) _____ _____ _____

　　　　　　　　　　　　　　　　　　3) _____ _____ _____

　　　　　　　　　　　　　　　　　　4) _____ _____ _____

　　　　　　　　　　　　　　　　　　5) _____ _____ _____

　　　　　　　　　　　　　　　　　　6) _____ _____ _____

2) Answer the question:　　　　　　　Yǔyán　　shuō　　bù shuō
　　Nǐ shuō bu shuō ____ yǔ?
　　　　　　　　　　　　　　　　　　1) _____ _____ _____

　　　　　　　　　　　　　　　　　　2) _____ _____ _____

　　　　　　　　　　　　　　　　　　3) _____ _____ _____

　　　　　　　　　　　　　　　　　　4) _____ _____ _____

　　　　　　　　　　　　　　　　　　5) _____ _____ _____

　　　　　　　　　　　　　　　　　　6) _____ _____ _____

NOTES:

1. Foreign place names in Chinese can be divided into three categories: the translated ones (like "Jiùjīnshān" from "the Old Golden Mountain", i.e., San Francisco), the transliterated ones (like "Huáshèngdùn" from "Washington"), and the half-translated and half-transliterated ones (like "Xīnxīlán" from "New Zealand"). But the name of a foreign country is usually either transliterated (like "Yìdàlì" from "Italy") or half-transliterated and half-translated (like "Měiguó" from "America"). As for some Asian countries (mainly Japan, Korea and Vietnam), the country names, the place names and the personal names that use or used Chinese characters are usually pronounced in the Chinese way (for example, "田中" is pronounced as "Tiánzhōng", not as "Tanaka").

2. The word "语/語 yǔ" usually refers to the spoken form of a language, whereas the word "文 wén" emphasizes the written form of it.

2. Asking for Information

Cf. Grammar S3.2 (名词谓语句)

VOCABULARY:

1.	duō dà	多大	多大		how old; how big
	dà[-xiǎo]	大[-小]	大[-小]	(a)	big; large; old
2.	suì	岁	歲	(n)	year (of age)
3.	suìshu	岁数	歲數	(n)	age (*formal*)
4.	tàitai	太太	太太	(n)	Mrs.; wife
5.	bàba	爸爸	爸爸	(n)	dad; papa; father
6.	māma	妈妈	媽媽	(n)	mom, mama; mother
7.	zhù	住	住	(v)	to live
8.	zài	在	在	(prep/v)	in; at; on; to be in, at, on, upon
9.	nǎr/nǎli	哪儿/哪里	哪兒/哪裡	(pron)	where
10.	sùshè	宿舍	宿舍	(n)	dormitory
11.	xuésheng	学生	學生	(n)	student
12.	diànhuà	电话	電話	(n)	telephone
13.	hàomǎ	号码	號碼	(n)	(serial) number

SUPPLEMENTARY VOCABULARY:

1.	jiā	家	家	(n)	home; house; family
2.	céng	层	層	(m.w)	a measure word for stories or floors
3.	lóu	楼	樓	(n)	(storied) building; floor
4.	duì[-cuò]	对[-错]	對[-錯]	(a)	correct; right
5.	le	了	了	(m.p)	*a modal particle for confirming something*

ACTIVITY FOUR Ask your classmates' age according to the model dialogs.

1) A: Guìshēng, nǐ jīnnián duō dà?
   B: (Wǒ jīnnián) èrshíbā suì.

2) A: Xiǎolái, nǐ jīnnián jǐ suì?
   B: (Wǒ jīnnián) liù suì.

3) A: Qǐng wèn, Dīng Tàitai, jīnnián nín duō dà suìshu?
   B: (Wǒ jīnnián) liùshíbā (suì).

ACTIVITY FIVE Interview your classmates according to the following dialogs.

a) Open Dialog:

   A: _____ (míngzi), jīnnián nǐ duō dà? / Jīnnián nín duō dà suìshu?

   B: Jīnnián wǒ _____ suì.

Míngzi	Suìshu
1) Lee Joan	38
2) José	33
3) Miho	22
4) Julio	24
5) Gene	22

b) Substitution Dialog:

  A: <u>Nǐmen lǎoshī</u> jīnnián duō dà (suìshu)?
  B: Tā jīnnián <u>sìshíliù suì</u>.

	Suìshu
1) Nǐ de Hànyǔ lǎoshī	~~45~~ 47
2) Nǐ bàba	59
3) Nǐ māma	55
4) Nǐ de nán péngyou / nǚ péngyou	31
5) Nǐ de hǎo péngyou	27

ACTIVITY SIX Substitution dialogue: What's his / her room number?

  A: Xiànzài <u>Wáng Guìshēng</u> zhù zài nǎr?
  B: Zhù zài xuésheng sùshè.
  A: Duōshao hào / Jǐ hào?
  B: <u>Liù</u> *céng / lóu <u>liù bā jiǔ</u> hào.

Dàwèi, 8 céng/lóu 803 hào
Ānnà 7 céng/lóu 741 hào
Wáng Guìshēng, 6 céng/lóu 689 hào
Mǎkè, 5 céng/lóu 572 hào
Mǎlì 3 céng/lóu 395 hào
Pítè, 1 céng/lóu 186 hào

Míngzi Diànhuà hàomǎ

1) _____ _____
2) _____ _____
3) _____ _____
4) _____ _____
5) _____ _____
6) _____ _____

ACTIVITY SEVEN Ask your classmates their telephone numbers according to the following model dialogue.

A: Qǐng wèn, nǐ *jiā de diànhuà hàomǎ shì duōshao?
B: (Wǒ jiā de diànhuà hàomǎ shì) 310 – 489 – 5627.
A: Shì 310 – 489 – 5627 ma?
B: *Duì.

69

Míngzi   Diànhuà hàomǎ
1) _____   _____

2) _____   _____

3) _____   _____

4) _____   _____

5) _____   _____

6) _____   _____

NOTE:
1. "几岁/幾歲 jǐ suì" is used when one talks to a preteen child; "多大 duō dà" is used when one asks the age of a teenager or an adult; "多大岁数/歲數 duō dà suìshu" is employed when one addresses an elderly person.

3. Personal Data

Cf. Grammar S3.3 ("是……的"表示强调)

VOCABULARY:

1. chūshēng / shēng	出生/生	出生/生	(v)	to be born
2. dàxué	大学	大學	(n)	university
3. dìdiǎn	地点	地點	(n)	place; site; locale
4. rìqī	日期	日期	(n)	date
5. liúxuéshēng	留学生	留學生	(n)	foreign student; overseas student
6. shēnfènzhèng	身份证	身份證	(n)	identification card; I.D. card
zhèng / zhèngjiàn	证/证件	證/證件	(n)	certificate
7. xìngbié	性别	性別	(n)	sex
8. zhùzhǐ	住址	住址	(n)	address

Proper Names:

Ānnà Lǐ	安娜·李	安娜·李	Anna Lee

SUPPLEMENTARY VOCABULARY:

1. guójí	国籍	國籍	(n)	nationality
2. shēngāo	身高	身高	(n)	height
3. tǐzhòng	体重	體重	(n)	body weight
4. gōngfēn	公分	公分	(m.w)	centimeter
5. gōngjīn	公斤	公斤	(m.w)	kilogram
6. bānshang	班上	班上		in the class
7. shíhou	时候	時候	(n)	time
8. shīzōng	失踪	失踪	(v)	to disappear; to be missing
9. gōng'ānyuán	公安员	公安員	(n)	public security officer

71

ACTIVITY EIGHT   Answer the questions according to the following I.D.

Shēnfènzhèng
身份证/身份證

1) Zhè shì shéi de shēnfènzhèng? *Wang Gui Sheng*
2) Shēnfènzhèng de hàomǎ shì duōshǎo? *452521730624007*
3) Zhè ge rén shì nǚ rén háishì nán rén? *nán rén*
4) Zhè ge rén zhù zài nǎr? *Gui Lin*
5) Zhè ge rén shì nǎ nián nǎ yuè nǎ rì (chū)shēng de? *1973.06.24.*
6) Zhè ge rén shì zài nǎr (chū)shēng de? *China*

ACTIVITY NINE   Situational dialog: Reporting a case to the police.

Běijīng Dàxué Liúxuéshēng Zhèng

Hàomǎ: 801349

Xìngmíng: *Ānnà Lǐ*
Xìngbié: *Nǚ*
*Tǐzhòng: 80 *gōngjīn
*Shēngāo: 170 *gōngfēn

Chūshēng Rìqī: *1975 nián 3 yuè 18 rì*
Chūshēng Dìdiǎn: *Měiguó * Niǔyuē*
Zhùzhǐ: *Běijīng Dàxué Liúxuéshēng Sùshè 105 hào*
*Guójí: *Měiguó*

(*One early morning, Prof. Ding hurriedly comes into the police station to report a missing student. Complete the following dialog according to the information provided by the foreign student I.D. above.*)

Gōng'ānyuán: Nín zǎo, Dīng Lǎoshī!

Dīng Lǎoshī: Zǎo, Lǎo Lǐ! Bù hǎo le! Wǒmen Hànyǔ *bānshang de yí ge liúxuéshēng *shīzōng le.[2]

Gōngānyuán: Nín shuō shénme? Nǐmen bānshang de liúxuéshēng shīzōng le? Shénme *shíhou? Shīzōng de rén jiào shénme míngzi?

Dīng Lǎoshī: Zuótiān wǎnshang. Shīzōng de rén jiào…

ACTIVITY TEN Interview your classmates.

	1)	2)	3)
Xìngmíng:	Samie Huang	Elfara Sidartra	Yunhwa Lee
Xìngbié:	nü	nu	nü
Zhùzhǐ:	la	la	la
Chūshēng Rìqī:	1981.8.11	1982.11.12	1981.2.12
Chūshēng Dìdiǎn:	Yinni	Yinni	Hánguó
Zhèngjiàn Hàomǎ:	90789	12345	12
*Shēngāo:	160	152	167
*Tǐzhòng:	70	56	33
*Guójí:	měiguó	měiguó	Hánguó

NOTE:

1. Just like in most European countries, the decimal system is employed in China. The following is a brief table of conversion between the American system and the decimal system:

Weight: 1 kg = 2 *jin* = 2.205 lb; 1 *jin* = 0.500 kg = 1.102 lb; 1 UK lb = 0.454 kg = 0.907 *jin*

Length: 1 m = 3 *chi* = 3.281 ft = 1.094 yd; 1 *chi* = 0.333 m = 1.094 ft

2. This sentence means "A foreign student in our class disappeared (or was missing) last night". The "了" here is a perfect aspect particle, which indicates that an action has taken place already. Please refer to Grammar U4.1 and U4.2 for detailed explanation.

II. CHINESE CHARACTER RECOGNITION

1. Countries, Nationalities & Languages

Cf. Grammar S3.1（正反疑问句）

国家 Countries 國家 Countries	*民族 Nationalities *民族 Nationalities	语言 Languages 語言 Languages
德国[1] 德國[1]	德国人 德國人	德语/德文[2] 德語/德文[2]
俄国 俄國	俄国人 俄國人	俄语/俄文 俄語/俄文
法国 法國	法国人 法國人	法语/法文 法語/法文
美国 美國	美国人 美國人	英语/英文 英語/英文
日本 日本	日本人 日本人	日语/日文 日語/日文
英国 英國	英国人 英國人	英语/英文 英語/英文
中国 中國	中国人 中國人	汉语/中文 漢語/中文
*澳大利亚 *澳大利亞	澳大利亚人 澳大利亞人	英语/英文 英語/英文
*朝鲜 *朝鮮	朝鲜人 朝鮮人	朝鲜语/朝鲜文 朝鮮語/朝鮮文

*韩国 *韓國	韩国人 韓國人	朝鲜语/朝鲜文 朝鮮語/朝鮮文
*加拿大 *加拿大	加拿大人 加拿大人	英语/英文；法语/法文 英語/英文；法語/法文
*墨西哥 *墨西哥	墨西哥人 墨西哥人	西班牙语/西班牙文 西班牙語/西班牙文
*西班牙 *西班牙	西班牙人 西班牙人	西班牙语/西班牙文 西班牙語/西班牙文
*意大利 *意大利	意大利人 意大利人	意大利语/意大利文 意大利語/意大利文
*印度 *印度	印度人 印度人	印度语/印度文 印度語/印度文
*印度尼西亚 （印尼） *印度尼西亞 （印尼）	印度尼西亚人 （印尼人） 印度尼西亞人 （印尼人）	印度尼西亚语/印度尼西亚文 （印尼语/印尼文） 印度尼西亞語/印度尼西亞文 （印尼語/印尼文）
*越南 *越南	越南人 越南人	越南语/越南文 越南語/越南文

ACTIVITY ONE   Create dialogs based on the table above and the example below.

例 Example：

A：法国人说不说汉语？
法國人說不說漢語？

B：法国人不说汉语，说法语。
法國人不說漢語，說法語。

Shìjiè dìtú
世界地图/世界地圖

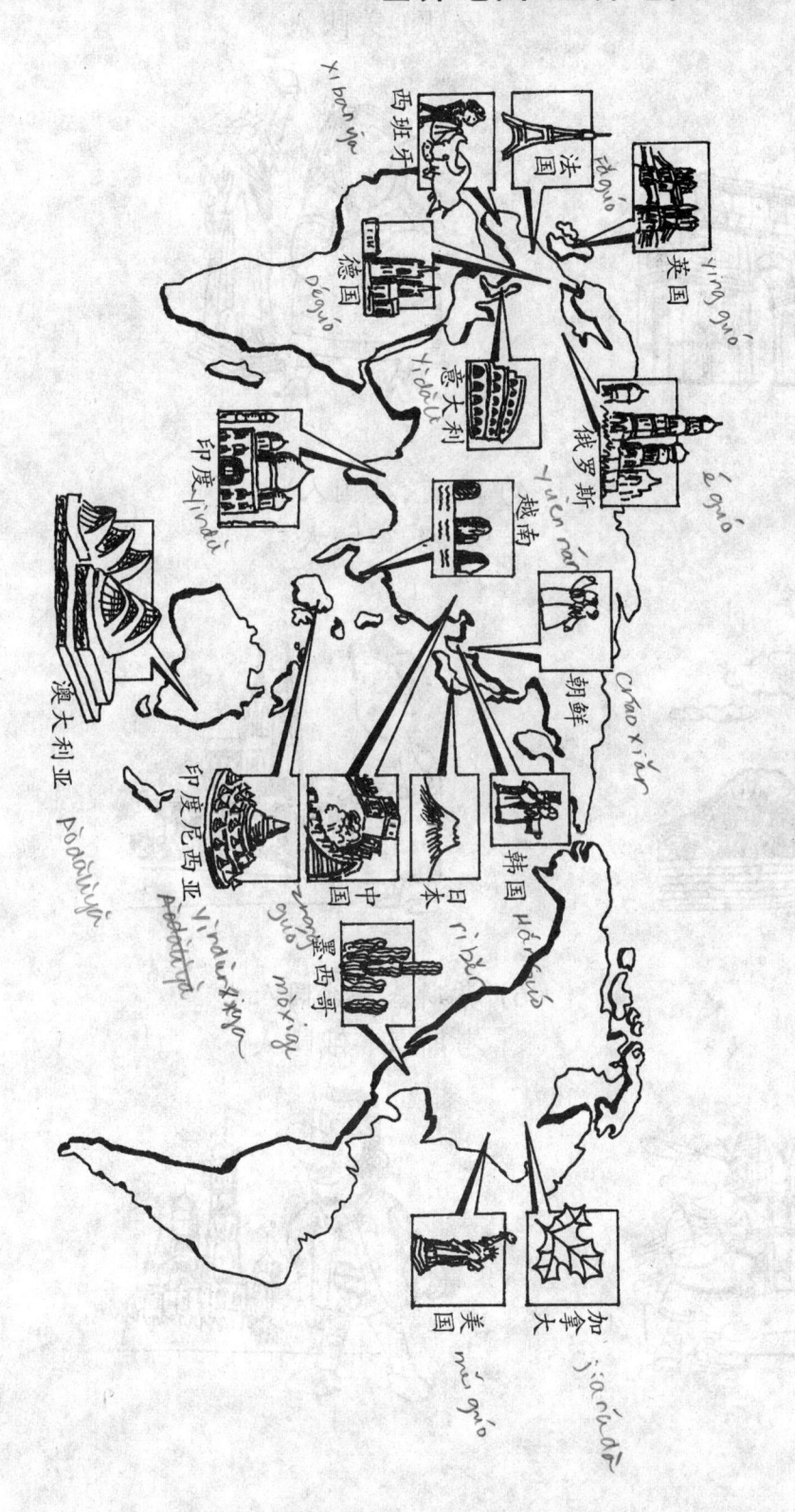

ACTIVITY TWO   Interactions: Countries, nationalities and languages.

1) 马克, 法国人
   馬克, 法國人

2) 安娜, 美国人
   安娜, 美國人

3) 田中, 日本人
   田中, 日本人

4) 玛丽, 德国人
   瑪麗, 德國人

5) 大卫, 英国人
   大衛, 英國人

6) 考斯基, 俄国人
   考斯基, 俄國人

7) 胡安，西班牙人
胡安，西班牙人

8) 马可·波罗，意大利人
馬可·波羅，意大利人

例一　Example 1:

A：那是谁？
　　那是誰？

B：那是我同学，马克。
　　那是我同學，馬克。

A：他是不是法国人？
　　他是不是法國人？

B：(他)是，他说法语。
　　(他)是，他說法語。

例二　Example 2:

A：马克是不是美国人？
　　馬克是不是美國人？

B：(马克)不是美国人，是法国人，可是他学习英文。
　　(馬克)不是美國人，是法國人，可是他學習英文。

ACTIVITY THREE   Interview your classmates.

1) 例 Example：

A：请问,您是哪国人？ Qǐng wèn, Nín shì nǎ guó rén?
  请問,您是哪國人？

B：我是<u>中国</u>人，我说<u>汉语</u>。
  我是<u>中國</u>人，我說<u>漢語</u>。
  Wǒ shì zhōng guó rén.
  Wǒ shuō Hàn yǔ.

名字 名字 míng zhǐ	*民族 *民族	语言 語言
1) Lee, Joon	_____	_____
2) _____	Hànyǔ	Hànyǔ
3) _____	_____	_____
4) _____	_____	_____
5) _____	_____	_____
6) _____	_____	_____

2) Answer the question：

你说不说 _____ 语？
你說不說 _____ 語？

语言 語言	说 說	不说 不說
1) _____	_____	_____
2) _____	_____	_____
3) _____	_____	_____
4) _____	_____	_____
6) _____	_____	_____

2. Asking for Information

Cf. Grammar S3.2（名词谓语句）

ACTIVITY FOUR Ask your classmates' age according to the model dialogs.

1) A：贵生，您今年多大[1]？
    贵生，您今年多大[1]？

   B：(我今年) 二十八(岁)。
    (我今年) 二十八(歲)。

2) A：小来，你今年几岁？
    小來，你今年幾歲？

   B：(我今年)六岁。
    (我今年)六歲。

3) A：请问，丁太太，今年您多大岁数？
    請問，丁太太，今年您多大歲數？

   B：(我今年) 六十八(岁)。
    (我今年) 六十八(歲)。

ACTIVITY FIVE   Interview your classmates according to the following dialogs.

a) Open Dialog:

A: _____ （名字），今年你多大？/ 今年您多大岁数？
　　_____ （名字），今年你多大？/ 今年您多大歲數？

B: 今年我 _____ 岁。
　 今年我 _____ 歲。

名字　　　　　　　　岁数
名字　　　　　　　　歲數

1) _____　　　　_____

2) _____　　　　_____

3) _____　　　　_____

4) _____　　　　_____

5) _____　　　　_____

b) Substitution Dialogue:

A: 你们老师今年多大（岁数）？
　 你們老師今年多大（歲數）？

B: 他/她今年四十六岁。
　 他/她今年四十六歲。

　　　　　　　　　　岁数
　　　　　　　　　　歲數

1) 你的汉语老师
　 你的漢語老師　　　_____

82

2) 你爸爸
　 你爸爸　　　　　　　　　＿＿＿＿＿＿

3) 你妈妈
　 你媽媽　　　　　　　　　＿＿＿＿＿＿

4) 你的男朋友/女朋友
　 你的男朋友/女朋友　　　＿＿＿＿＿＿

5) 你的好朋友
　 你的好朋友　　　　　　　＿＿＿＿＿＿

ACTIVITY SIX　Substitution dialogue: What's his/her room number?

A: 现在<u>王贵生</u>住在哪儿？
　 现在<u>王貴生</u>住在哪兒？

B: 住在学生宿舍。
　 住在學生宿舍。

A: 多少号/几号？
　 多少號/幾號？

B: <u>六</u>*层/楼 <u>六八九</u>号。
　 <u>六</u>*層/樓 <u>六八九</u>號。

大卫(Dàwèi), 八层/楼 八〇三号
大衛(Dàwèi), 八層/樓 八〇三號

安娜(Ānnà), 七层/楼 七四一号
安娜(Ānnà), 七層/樓 七四一號

王贵生, 六层/楼 六八九号
王貴生, 六層/樓 六八九號

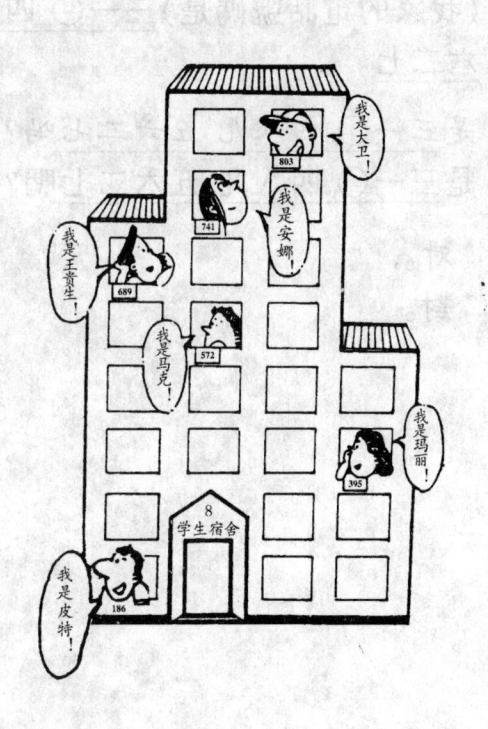

马克(Mǎkè)五层/楼五七二号
馬克(Mǎkè)五層/樓五七二號

玛丽(Mǎlì),三层/楼三九五号
瑪麗(Mǎlì),三層/樓三九五號

皮特(Pítè),一层/楼一八六号
皮特(Pítè),一層/樓一八六號

ACTIVITY SEVEN Ask your classmates their telephone numbers according to the following model dialog.

A: 请问,你*家的电话号码是多少?
　 請問,你*家的電話號碼是多少?

B: (我家的电话号码是)<u>三一〇 四八九 五六二七</u>。
　 (我家的電話號碼是)<u>三一〇 四八九 五六二七</u>。

A: 是<u>三一〇 四八九 五六二七</u>吗?
　 是<u>三一〇 四八九 五六二七</u>嗎?

B: *对。
　 *對。

<u>名字</u>　　　<u>电话号码</u>
<u>名字</u>　　　<u>電話號碼</u>

1) _____ _____

2) _____ _____

3) _____ _____

4) _____ _____

5) _____ _____

6) _____ _____

3. Personal Data

Cf. Grammar S3.3 ("是……的"表示强调)

ACTIVITY EIGHT　Answer the questions according to the following I.D.

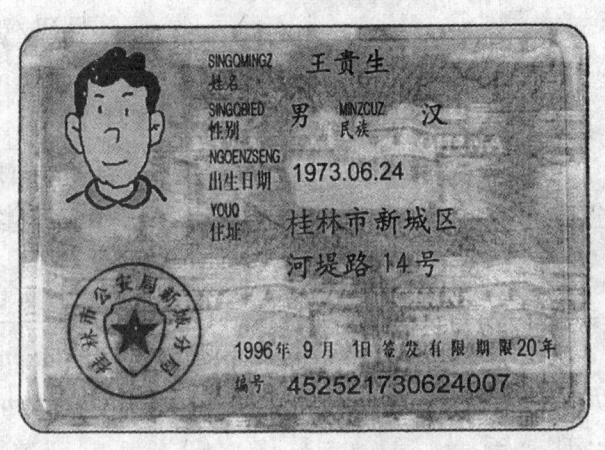

身份证/身份證

```
SINGOMINGZ   王贵生
姓名
SINGOBIED  男   MINZCUZ  汉
性别           民族
NGOENZSENG
出生日期  1973.06.24
YOUQ
住址     桂林市新城区
         河堤路14号

1996年 9月 1日签发 有限期限20年
编号: 452521730624007
```

1) 这是谁的身份证?
   這是誰的身份證?

2) 身份证的号码是多少?
   身份證的號碼是多少?

3) 这个人是女人还是男人?
   這個人是女人還是男人?

4) 这个人住在哪儿?
   這個人住在哪兒?

5) 这个人是哪年哪月哪日(出)生的?
   這個人是哪年哪月哪日(出)生的?

6) 这个人是在哪儿(出)生的?
   這個人是在哪兒(出)生的?

ACTIVITY NINE   Situational dialog: Reporting a case to the police.

北京大学/學留学/學生证/證

号码/號碼：801349

姓名：安娜·李
性别：女
*体/體重：80 *公斤[1]
*身高/高：170 *公分

出生日期：1975 年 3 月 18 日
出生地点/點：美国*纽约/紐約
住址：北京大学/學留学/學生宿舍 105 号/號
*国/國籍：美国/國

(*One early morning, Prof. Ding hurriedly comes into the police station to report a missing student. Complete the following dialog according to the information provided by the foreign student I.D. above.*)

*公安员：您早，丁老师！
*公安員：您早，丁老師！

丁老师：早，老李！不好了！我们汉语*班上的一个留学生*失踪了[2]。
丁老師：早，老李！不好了！我們漢語*班上的一個留學生*失踪了[2]。

公安员：您说什么？你们班上的留学生失踪了？什么*时候？失踪的人叫什么名字？
公安員：您說甚麽？你們班上的留學生失踪了？甚麽*時候？失踪的人叫甚麽名字？

丁老师：昨天晚上。失踪的人叫……
丁老師：昨天晚上。失踪的人叫……

ACTIVITY TEN Interview your classmates.

姓名：
姓名：   1) Lee, Joan   2) James   3) Sannie Huang

性別：
性別：   nan   nan   nu

住址：
住址：   Los Angeles   1964.1.17   Santa Monica
                              San Antonio
出生日期：
出生日期：   1967.10.15   1981.8.10

出生地点：
出生地點：   Hǎi Gǔo   měi Gǔo   1967.10.15

証件号码：
證件號碼：   005118   5   000510

*身高：
*身高：   170   130   170

*体重：
*體重：   90   50   90

*国籍：
*國籍：   mǎ Gǔo   měi gǔo   měi gǔo

87

Step Four: Descriptions

Topics	Vocab	Activity (oral)	Activity (reading)	Grammar	Exercise
1. Colors & Clothes *Pinyin* Text: p. 91 Character Text: p. 102	p. 89	Act 1: p. 91 Match the colors with the words Act 2: p. 91 Substitution dialog: Identify the objects Act 3: p. 92 Match the nouns with the numeral-measure words Act 4: p. 93 Talk about the colors of these people's clothes Act 5: p. 95 Interview your classmates to find out what they wear	Act 1: p. 102 Act 2: p. 103 Act 3: p. 104 Act 4: p. 105 Act 5: p. 106	S4.1: p. 176 Measure Words S.4.2: p. 178 Attributives and the Particle "*de*" S4.3: p. 181 The "*de*" Phrase: [... *de* Noun] ⇒ [... *de*]	Ex: 1, 2, p. 177 Ex: 1, 2 p. 180 Ex: 1, 2 p. 182
2. Parts of the Body (I) *Pinyin* Text: p. 96 Character Text: p. 108	p. 95	Act 6: p. 96 Identify the body parts Act 7: p. 97 Talk about the people in the picture Act 8: p. 97 Interview your classmates: Characteristics of their family members' and friend's body parts Act 9: p. 99 Substitution dialog: Complaints	Act 6: p. 108 Act 7: p. 109 Act 8: p. 111 Act 9: p. 112	S4.4: p. 184 Sentence with a Subject-Predicate Phrase as the Predicate	Ex: 1 p. 184
3. Description of People's Appearance *Pinyin* Text: p. 99 Character Text: p. 114	p. 99	Act 10: p. 99 Identify people according to the picture Act 11: p. 100 Answer the questions about one's height and build Act 12: p. 101 A survey: The color of your classmates' hair Act 13: p. 101 Description of your classmates' clothes and their characteristics	Act 10: p. 114 Act 11: p. 115 Act 12: p. 116 Act 13: p. 117	No Grammar Notes	

STEP FOUR   DESCRIPTIONS

I. ORAL ACTIVITIES

1. Colors and Clothes

Cf. Grammar S4.1, S4.2, S4.3（量词，定语和结构助词"的"，"的"字结构）

VOCABULARY:

1. bái	白	白	(a)	white
2. hēi	黑	黑	(a)	black; dark
3. hóng	红	紅	(a)	red
4. huáng	黄	黄	(a)	yellow
5. lán	蓝	藍	(a)	blue
6. lǜ	绿	綠	(a)	green
7. yánsè/sè	颜色/色	顏色/色	(n)	color
8. chènshān[jiàn]	衬衫[件][1]	襯衫[件][1]	(n)	shirt; blouse
9. chuān	穿	穿	(v)	to wear; to put on (clothes, shoes, socks)
10. dàyī[jiàn]	大衣[件]	大衣[件]	(n)	overcoat; topcoat
11. jiàn	件	件	(m.w)	*a measure word*
12. kùzi[tiáo]	裤子[条]	褲子[條]	(n)	pants; trousers
13. máoyī[jiàn]	毛衣[件]	毛衣[件]	(n)	woollen sweater;

89

					pull-over
14.	pí	皮	皮	(n)	leather; hide; skin
15.	xié[zhī, shuāng]	鞋[只,双]	鞋[隻,雙]	(n)	shoe
16.	qúnzi[tiáo]	裙子[条]	裙子[條]	(n)	skirt
17.	shàngyī[jiàn]	上衣[件]	上衣[件]	(n)	upper garment
18.	shuāng	双	雙	(m.w)	a measure word; pair
19.	tiáo	条	條	(m.w)	a measure word
20.	wàzi[zhī, shuāng]	袜子[只,双]	襪子[隻,雙]	(n)	sock
21.	bānshang	班上	班上		in the class
	bān	班	班	(n)	class; squad

SUPPLEMENTARY VOCABULARY:

1.	fěnhóng	粉红	粉紅	(a)	pink
2.	huī	灰	灰	(a)	gray
3.	zǐ	紫	紫	(a)	purple
4.	zhe	着	著	(part)	a particle
5.	dài	戴	戴	(v)	to put on; to wear (accessories, jewelry)
6.	dǐng	顶	頂	(m.w)	a measure word for hats and caps
7.	fù	副	副	(m.w)	a measure word; set
8.	lǐngdài[tiáo]	领带[条]	領帶[條]	(n)	tie
9.	màozi[dǐng]	帽子[顶]	帽子[頂]	(n)	hat; cap
10.	qiúxié [zhī, shuāng]	球鞋 [只,双]	球鞋 [隻,雙]	(n)	gym shoes; tennis shoes; sneakers
11.	yǎnjìng[fù]	眼镜[副]	眼鏡[副]	(n)	glasses; spectacles
12.	zhī	只	隻	(m.w)	a measure word
13.	piàoliang [- nánkàn]	漂亮 [- 难看]	漂亮 [- 難看]	(a)	pretty; beautiful

ACTIVITY ONE   Match the colors with the words, and then ask and answer the questions according to the example given below.

1 hào)   ●   red   A) lǜ (sè)

2 hào)   ●   yellow   B) bái (sè)

3 hào)   ●   green   C) hóng (sè)

4 hào)   ●   blue   D) hēi (sè)

5 hào)   ○   white   E) lán (sè)

6 hào)   ●   black   F) huáng (sè)

7 hào)   ●   purple   G) *fěnhóng (sè)

8 hào)   ●   gray   H) *zǐ (sè)

9 hào)   ●   pink   I) *huī (sè)

例   Example:
   A: Yí hào shì huáng (sè) de háishì hóng (sè) de?
   B: Shì hóng (sè) de.

ACTIVITY TWO   Substitution dialog: Identify the following objects.

A) shàngyī   B) dàyī    C) máoyī

D) chènshān    E) qúnzi    F) kùzi

91

G) wàzi  H) píxié  I) *qiúxié

J) *màozi  K) *yǎnjìng  L) *lǐngdài

Lì yī   Example 1:
        A: Zhè / Nà shì shénme?
        B: Zhè / Nà shì <u>dàyī</u>.

Lì èr   Example 2:
        A: Zhè / Nà shì <u>dàyī</u> háishì shàngyī?
        B: Zhè / Nà shì <u>dàyī</u>.

ACTIVITY THREE   Match the nouns with the numeral-measure words.

Numeral-measure words
1) 59 jiàn
2) 2 (liǎng) tiáo
3) 115 shuāng
4) 302 tiáo
5) 74 jiàn
6) 62 *zhī
7) 33 *fù
8) 98 *dǐng
9) 85 tiáo
10) 41 jiàn

Nouns
A) kùzi
B) dàyi
C) qúnzi
D) máoyī
E) píxié, wàzi
F) chènshān
G) *màozi
H) *yǎnjìng
I) *lǐngdài
J) *qiúxié

ACTIVITY FOUR   Talk about the colors of these people's clothes in the picture.

Dīng Xiǎojie   Wáng Guìshēng Xiānsheng   Mǎ Xiǎohóng Xiǎojie
  Xiè Lì Xiǎojie   Fāng Jiè Xiānsheng   Chén Xiǎolái xiǎo péngyou

Lì yī   Example 1:

  A：<u>Chuān hóng qúnzi</u> de nà ge rén shìshéi?

  B：Shì <u>Xiè Xiǎojie</u>.

Lì èr   Example 2:

  A：<u>Xiè Xiǎojie</u> chuān de <u>nà tiáo qúnzi</u> shì <u>lán（sè）</u> de háishì <u>hóng（sè）</u> de?

  B：Shì <u>hóng(sè)</u> de.

Lì sān   Example 3:

  A：* <u>Dài lán lǐngdài</u> de nà ge rén shì <u>Fāng Xiānsheng</u> ma?

  B：Shì Fāng Xiānsheng.

Lì sì   Example 4:

  A：<u>Fāng Xiānsheng</u> * dài de <u>nà tiáo</u> * piàoliang de <u>lǐngdài</u> shì shénme yánsè de?

  B：Shì <u>lán（sè）</u> de.

ACTIVITY FIVE   Interview your classmates.

Lì yī   Example 1：
   A：Jīntiān Hànyǔ bānshang, shéi chuān *zhe² bái chènshān?
   B：Wáng Guìshēng.

Lì èr   Example 2：
   A：Jīntiān Hànyǔ bānshang, shéi *dài zhe hēi *màozi?
   B：Fāng Jiè.

Lì sān   Example 3：
   A：Nǐ yǒu jǐ jiàn / duōshao (jiàn) huáng shàngyī?
   B：(Wǒ) yǒu liǎng jiàn (huáng shàngyī)./ Wǒ méiyǒu huáng shàngyī.

Measure words	Color	Clothes, footwear & headwear
1) tiáo	A) hóng	a) chènshān
2) jiàn	B) huáng	b) qúnzi
3) shuāng	C) lǜ	c) dàyī
4) *dǐng	D) lán	d) xié
5) *fù	E) hēi	e) máoyī
	F) bái	f) wàzi
	G) *huī	g) kùzi
	H) *zǐ	h) píxié
	I) *fěnhóng	i) *yǎnjìng
		j) *lǐngdài
		k) *qiúxié
		l) *màozi

NOTES：

1. The word in the "[　]" refers to the measure word that goes with the preceding noun. If a noun is not followed by a specific measure word, the most commonly used measure word "个 gè" is usually used.

2. Here "穿着/著 chuānzhe" means "wearing". "着/著 zhe" is an aspect particle that indicates the continuation of an action. Please see Grammar U6.3 in Book Three for detailed explanation.

94

2. Parts of the Body (I)

Cf. Grammar S4.4（主谓谓语句）

VOCABULARY:

1. yǎn / yǎnjing [zhī, shuāng]	眼/眼睛 [只,双]	眼/眼睛 [隻,雙]	(n)	eye
2. bí/bízi [zhī]	鼻/鼻子 [只]	鼻/鼻子 [隻]	(n)	nose
3. zuǐ/zuǐba [zhāng]	嘴/嘴巴[张]	嘴/嘴巴[張]	(n)	mouth
4. ěr/ěrduo (zhī, shuāng)	耳/耳朵 [只,双]	耳/耳朵 [隻,雙]	(n)	ear
5. tóu	头	頭	(n)	head
6. tóufa/fà [gēn]	头发/发[根]	頭髮/髮[根]	(n)	hair (*on human head*)
7. bózi	脖子	脖子	(n)	neck
8. shǒu [zhī, shuāng]	手[只,双]	手[隻,雙]	(n)	hand
9. jiǎo [zhī, shuāng]	脚[只,双]	腳[隻,雙]	(n)	foot
10. yāo	腰	腰	(n)	waist
11. dùzi	肚子	肚子	(n)	stomach; belly; abdomen
12. tuǐ [tiáo]	腿[条]	腿[條]	(n)	leg
dàtuǐ [tiáo]	大腿[条]	大腿[條]	(n)	thigh
xiǎotuǐ [tiáo]	小腿[条]	小腿[條]	(n)	shank; shin & calf
13. cháng [－duǎn]	长[－短]	長[－短]	(a)	long
14. duǎn [－cháng]	短[－长]	短[－長]	(a)	(*length*) short
15. cū [－xì]	粗[－细]	粗[－細]	(a)	wide; thick (*in diameter*); coarse
16. xì [－cū]	细[－粗]	細[－粗]	(a)	thin (in breadth); slender; fine
17. gāo [－ǎi]	高[－矮]	高[－矮]	(a)	tall; high
18. téng	疼	疼	(v)	to ache; to hurt
19. tài	太	太	(ad)	too; too much; excessively

20. zuì	最	最	(ad)	most; -est (for the superlative degree)
21. gēge	哥哥	哥哥	(n)	elder brother
22. dìdi	弟弟	弟弟	(n)	younger brother
23. jiějie	姐姐	姐姐	(n)	elder sister
24. mèimei	妹妹	妹妹	(n)	younger sister

Proper Names:

1. Dàwèi	大卫	大衛	David
2. Lìli	莉莉	莉莉	Lily
3. Mǎkè	马克	馬克	Mark
4. Mǎlì	玛丽	瑪麗	Mary
5. Pítè	皮特	皮特	Peter

ACTIVITY SIX Fill in the blanks with a proper word denoting that part of the body, and then do the following substitutional dialog.

Lì Example: (*Pointing at the nose in the picture, and ask your partner...*)
   A: Zhè shì yǎnjing háishì bízi?
   B: (Zhè shì) bízi.
   A: Tā bízi dà bu dà?
   B: Hěn dà.

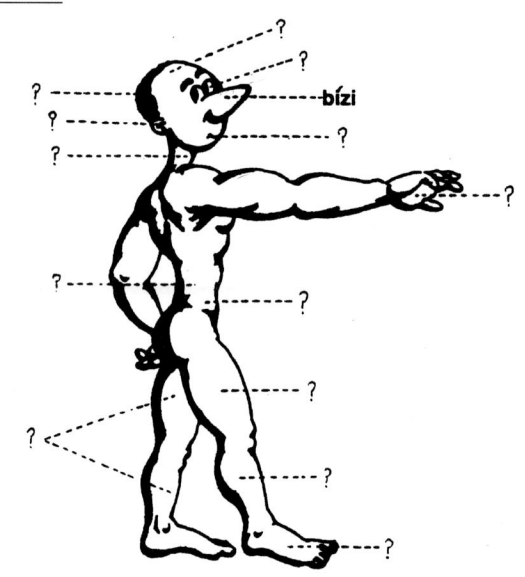

1) dàtuǐ / xiǎotuǐ　　　　　　（cū / xì, cháng / duǎn）
2) bózi / tóufa　　　　　　　（cháng / duǎn, cū / xì）
3) zuǐba / tóu　　　　　　　（dà / xiǎo）
4) yāo / tuǐ　　　　　　　　（cū / xì, cháng / duǎn）
5) bízi / yǎnjing　　　　　　（dà / xiǎo）
6) shǒu / jiǎo　　　　　　　（cháng / duǎn, dà / xiǎo）

ACTIVITY SEVEN　　Talk about the following people in the picture.

Lì　Example:
　　A: Zhè jǐ ge rén, shéi yǎnjing zuì dà? Shéi yǎnjing zuì xiǎo?
　　B: Ānnà yǎnjing zuì dà, Pítè yǎnjing zuì xiǎo.

Ānnà　　Mǎlì　　Lìlì　　Pítè　　Mǎkè　　Dàwèi

Zhè jǐ ge rén, shéi
1) bízi zuì gāo?
2) ěrduo zuì dà / xiǎo?
3) jiǎo zuì dà / xiǎo?
4) shǒu zuì dà / xiǎo?
5) tuǐ zuì cháng / duǎn?
6) yāo zuì cū / xì?
7) tóufa zuì cháng / duǎn?
8) dùzi zuì dà / xiǎo?

ACTIVITY EIGHT　　Interview your classmates.

Lì　Example:
　　A: Nǐ gēge bízi gāo bu gāo?
　　B: Hěn gāo / Bú tài gāo.

1) dìdi   A) zuǐba dà
2) jiějie   B) yāo xì
3) nán / nǚ péngyou   C) tóufa cháng
4) mèimei   D) ěrduo xiǎo
5) bàba   E) bízi gāo
6) māma   F) tóu xiǎo
7) gēge   G) tuǐ cū
8) hǎo péngyou   H) dùzi dà
                 I) jiǎo xiǎo
                 J) yǎnjing dà

ACTIVITY NINE   Substitution dialog: Complaints.

Lì   Example:
  A: Nǐ nǎr téng? Nǐ yāo téng háishì dùzi téng?
  B: Wǒ yāo téng.

1) jiǎo / shǒu   2) dùzi / yāo   3) dàtuǐ / xiǎotuǐ

4) yǎnjing / bízi   5) tóu / bózi   6) ěrduo / zuǐba

3. Description of People's Appearance

（无语法项目）

VOCABULARY:

1. ǎi [– gāo]	矮 [– 高]	矮 [– 高]	(a)	(*one's height*) short
2. hé	和	和	(conj/prep)	and; with
3. méi/méiyǒu	没/没有	没/没有	(ad)	(have) no; not
4. pàng [– shòu]	胖 [– 瘦]	胖 [– 瘦]	(a)	(*person*) fat
5. shòu [– pàng]	瘦 [– 胖]	瘦 [– 胖]	(a)	thin; skinny
6. yòu … yòu … yòu	又…又…又	又…又…又		both … and … again
7. jīn(sè)	金(色)	金(色)	(n)	gold (color); golden
8. zōngsè	棕色	棕色	(n)	brown color

| 9. gèzi | 个子 | 個子 | (n) | height; stature; build |

SUPPLEMENTARY VOCABULARY:

1. ǎixiǎo[- gāodà]	矮小	矮小	(a)	short and small
	[- 高大]	[- 高大]		
2. gāodà[- ǎixiǎo]	高大	高大	(a)	tall and big
	[- 矮小]	[- 矮小]		
3. shòuxiǎo	瘦小	瘦小	(a)	thin and small

ACTIVITY TEN Identifying people according to the pictures below.

Ānnà (hěn pàng, bù gāo yě bù ǎi, jīn fà, lán yǎnjing)
　Mǎlì (yòu ǎi yòu xiǎo, bú shòu yě bú pàng, hóng tóufa, lǜ yǎnjing)
　　Lìlì (yòu gāo yòu shòu, zōngsè tóufa, zōngsè yǎnjing)
　　　Pítè (hěn ǎi, bú shòu yě bú pàng, jīn fà, lán yǎnjing)
　　　　Mǎkè (hěn gāo, hěn shòu, hēi tóufa, hēi yǎnjing)
　　　　　Dàwèi (yòu gāo yòu pàng, zōngsè tóufa, hēi yǎnjing)

Lì yī　Example 1：

　　A：Nà ge jīn fà、lán yǎnjing de xiǎojie shì shéi?
　　B：Shì Ānnà.

1) Nà ge jīn fà､lán yǎnjing de xiānsheng shì shéi?
2) Nà ge zōngsè tóufa､hēi yǎnjing de xiānsheng shì shéi?
3) Nà ge hóng tóufa､lǜ yǎnjing de xiǎojie shì shéi?
4) Nà ge hēi tóufa､hēi yǎnjing de xiānsheng shì shéi?
5) Nà ge zōngsè tóufa､zōngsè yǎnjīng de xiǎojie shì shéi?

Lì èr　　Example 2：
　　　　A：Zhè ge hěn pàng､bù gāo yě bù ǎi de <u>xiǎojie</u> shì shéi?
　　　　B：Shì <u>Ānnà</u>.

1) Zhè ge hěn gāo､hěn shòu de xiānsheng shì shéi?
2) Zhè ge yòu gāo yòu pàng de xiānsheng shì shéi?
3) Zhè ge yòu gāo yòu shòu de xiǎojie shì shéi?
4) Zhè ge hěn ǎi､bú shòu yě bú pàng de xiānsheng shì shéi?
5) Zhè ge yòu ǎi yòu xiǎo､bú shòu yě bú pàng de xiǎojie shì shéi?

ACTIVITY ELEVEN　Answer the following questions about your family members' and your friends' height and build.

1) Nǐ bàba gèzi hěn gāodà ma? Nǐ māma ne?
2) Nǐ yǒu méiyǒu gēge? Tā gèzi ǎixiǎo ma?
3) Nǐ yǒu méiyǒu jiějie? Tā hěn shòu ma?
4) Nǐ yǒu dìdi ma? Tā gèzi hěn shòuxiǎo ma?
5) Nǐ yǒu mèimei ma? Tā hěn pàng ma?
6) Nǐ nán / nǚ péngyou gāo bu gāo? Tā hěn shòu ma?
7) Nǐ zuì hǎo de péngyou pàng bu pàng? Tā gèzi gāo bu gāo?
8) Nǐmen de Hànyǔ lǎoshī shòu bu shòu? Tā gèzi hěn gāo ma?

Useful phrases：

(bù) hěn gāo, (bù) hěn shòu, (bù) hěn pàng,
(bù) hěn gāodà, (bù) hěn shòuxiǎo, (bù) hěn ǎixiǎo;

bú pàng yě bú shòu, bù gāo yě bù ǎi, bú shòu yě bù xiǎo;

yòu gāo yòu pàng, yòu gāo yòu shòu, yòu gāo yòu dà,
yòu shòu yòu xiǎo, yòu ǎi yòu xiǎo, yòu shòu yòu ǎi.

ACTIVITY TWELVE   Make a brief survey by answering the following questions.

Nǐmen Hànyǔ bānshang, jǐ ge tóngxué yǒu _____?

Rén shù (jǐ ge?)

1) hóng tóufa? _____0_____

2) hēi tóufa? _____10_____

3) jīn fà? _____0_____

4) bái tóufa? _____0_____

5) zōngsè tóufa? _____2_____

6) huī tóufa? _____0_____

7) hēi yǎnjing? _____

8) lǜ yǎnjing? _____0_____

9) lán yǎnjing? _____0_____

10) zōngsè yǎnjing? _____10_____

11) huī yǎnjing? _____0_____

12) hóng yǎnjing? _____0_____

ACTIVITY THIRTEEN   Write a brief description about someone in your class and then ask your classmates to identify the person you have described.

Lì Example: Zhè ge rén shì nán de. Tā hěn gāo, bú shòu yě bú pàng. Tā de tóufa shì hēisè de, yǎnjing shì zōngsè de. Jīntiān tā chuānzhe yí jiàn huī chènshān, yì tiáo hēi kùzi hé yì shuāng hēi píxié. Tā hái (in addition) dàizhe yì dǐng hēi màozi. **Tā shì shéi?**

II. CHINESE CHARACTER RECOGNITION

> **1. Colors and Clothes**

Cf. Grammar S4.1, S4.2, S4.3（量词，定语和结构助词"的"，"的"字结构）

ACTIVITY ONE Match the colors with the words, and then ask and answer the questions according to the example given below.

1 号） C ● (red)   A) 绿(色) / 綠(色)

2 号） F ● (yellow) B) 白(色) / 白(色)

3 号） A ● (green)   C) 红(色) / 紅(色)

4 号） E ● (blue)   D) 黑(色) / 黑(色)

5 号） B ○ (white)   E) 蓝(色) / 藍(色)

6 号） D ● (black)   F) 黄(色) / 黃(色)

7 号） H ● (purple) G) *粉红(色) / *粉紅(色)

8 号） I ● (gray)   H) *紫(色) / *紫(色)

9 号） G ● (pink)   I) *灰(色) / *灰(色)

102

例　Example:

A：一号是黄(色)的还是红(色)的？
　　一號是黃(色)的還是紅(色)的？

B：是红(色)的。
　　是紅(色)的。

ACTIVITY TWO　Substitution dialog: Identify the following objects.

A) 上衣
　　上衣

B) 大衣
　　大衣

C) 毛衣
　　毛衣

D) 衬衫
　　襯衫

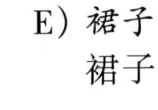

E) 裙子
　　裙子

F) 裤子
　　褲子

G) 袜子
　　襪子

H) 皮鞋
　　皮鞋

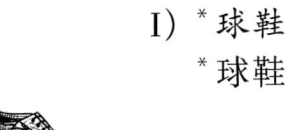

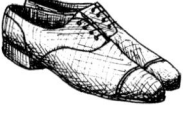

I) *球鞋
　　*球鞋

J) *帽子
　　*帽子

K) *眼镜
　　*眼鏡

L) *领带
　　*領帶

例一　Example 1:
A：这/那是什么？
　　這/那是甚麼？

B：这/那是大衣。
　　這/那是大衣。

例二　Example 2:
A：这/那是大衣还是上衣？
　　這/那是大衣還是上衣？

B：这/那是大衣。
　　這/那是大衣。

ACTIVITY THREE　Match the nouns with the numeral – measure words.

数量词　Numeral-measure words　　　　　名词 Nouns

1) 五十九件　　_B D F_
　 五十九件

A) 裤子
　 褲子

2) 两条　　_A ~~G~~ I C_
　 兩條

B) 大衣
　 大衣

3) 一百一十五双　　_E J_
　 一百一十五雙

C) 裙子
　 裙子

4) 三百〇二条　　_I ~~G~~ A C_
　 三百〇二條

D) 毛衣
　 毛衣

5) 七十四件　　_D F B_
　 七十四件

E) 皮鞋，袜子
　 皮鞋，襪子

6) 六十二*只　　_E J_
　 六十二*隻

F) 衬衫
　 襯衫

7) 三十三*副　　_H_
　 三十三*副

G) *帽子
　 *帽子

8) 九十八*顶　　_G_
　 九十八*頂

H) *眼镜
　 *眼鏡

104

9) 八十五条　　　　　　　　I) *领带
　　八十五條　　　　　　　　　*領帶

10) 四十一件　　　　　　　　J) *球鞋
　　四十一件　　　　　　　　　*球鞋

ACTIVITY TWO　Substitution dialog: Identify the following objects.

丁小姐　　　　　　王贵生先生　　　　马小红小姐
丁小姐　　　　　　王貴生先生　　　　馬小紅小姐

　　谢丽(Xiè Lì)小姐　　方介先生　　陈小来小朋友
　　謝麗(Xiè Lì)小姐　　方介先生　　陳小來小朋友

例一　Example 1:

　　A：<u>穿红裙子</u>的那个人是谁？
　　　　<u>穿紅裙子</u>的那個人是誰？

　　B：是<u>谢小姐</u>。
　　　　是<u>謝小姐</u>。

105

例二　Example 2：
　　　A：谢小姐穿的那条裙子是蓝(色)的还是红(色)的？
　　　　 謝小姐穿的那條裙子是藍(色)的還是紅(色)的？
　　　B：是红(色)的。
　　　　 是紅(色)的。

例三　Example 3：
　　　A：*戴蓝领带的那个人是方先生吗？
　　　　 *戴藍領帶的那個人是方先生嗎？
　　　B：是方先生。
　　　　 是方先生。

例四　Example 4：
　　　A：方先生*戴的那条*漂亮的领带是什么颜色的？
　　　　 方先生*戴的那條*漂亮的領帶是甚麼顏色的？
　　　B：是蓝(色)的。
　　　　 是藍(色)的。

ACTIVITY FIVE　Interview your classmates.

例一　Example 1：
　　　A：今天汉语班上，谁穿*着² 白衬衫？
　　　　 今天漢語班上，誰穿*著² 白襯衫？
　　　B：王贵生。
　　　　 王貴生。

例二　Example 2：
　　　A：今天汉语班上，谁*戴着黑*帽子？
　　　　 今天漢語班上，誰*戴著黑*帽子？
　　　B：方介。
　　　　 方介。

例三　Example 3：
　　A：你有几件/多少(件)黄上衣？
　　　你有幾件/多少(件)黃上衣？

　　B：(我)有两件(黄上衣)。／我没有黄上衣。
　　　(我)有兩件(黃上衣)。／我沒有黃上衣。

Measure words	颜色	Clothes, footwear & headwear
1) 条 　 條	A) 红 　 紅	一) 衬衫 　 襯衫
2) 件 　 件	B) 黄 　 黃	二) 裙子 　 裙子
3) 双 　 雙	C) 绿 　 綠	三) 大衣 　 大衣
4) *顶 　*頂	D) 蓝 　 藍	四) 鞋 　 鞋
5) *副 　*副	E) 黑 　 黑	五) 毛衣 　 毛衣
	F) 白 　 白	六) 袜子 　 襪子
	G) *灰 　*灰	七) 裤子 　 褲子
	H) *紫 　*紫	八) 皮鞋 　 皮鞋

107

　　　　　　　　Ⅰ）*粉红　　　　　九）*眼镜
　　　　　　　　　　*粉紅　　　　　　　*眼鏡

　　　　　　　　　　　　　　　　十）*领带
　　　　　　　　　　　　　　　　　　*領帶

　　　　　　　　　　　　　　　十一）*球鞋
　　　　　　　　　　　　　　　　　　*球鞋

　　　　　　　　　　　　　　　十二）*帽子
　　　　　　　　　　　　　　　　　　*帽子

2. Parts of the Body (I)

Cf. Grammar S4.4（主谓谓语句）

ACTIVITY SIX　Fill in the blanks with a proper word denoting that part of the body, and then do the following substitution dialog.

例　Example:（Pointing at the nose in the picture, and ask your partner...）

　　　　A：这是<u>眼睛</u>还是<u>鼻子</u>?
　　　　　　這是<u>眼睛</u>還是<u>鼻子</u>?

　　　　B：(这是)<u>鼻子</u>。
　　　　　　(這是)<u>鼻子</u>。

　　　　A：他<u>鼻子</u> <u>大</u>不<u>大</u>?
　　　　　　他<u>鼻子</u> <u>大</u>不<u>大</u>?

　　　　B：<u>很大</u>。
　　　　　　<u>很大</u>。

1) 大腿/小腿　　　　　　　（粗/细，长/短）
　 大腿/小腿　　　　　　　（粗/細，長/短）

108

[鼻子]

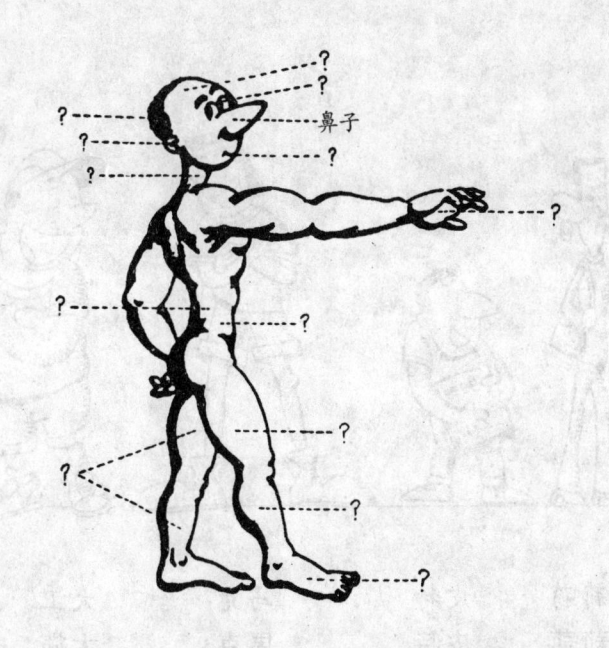

2) 脖子/头发　　　　　　　（长/短，粗/细）
   脖子/頭髮　　　　　　　（長/短，粗/細）

3) 嘴巴/头　　　　　　　　（大/小）
   嘴巴/頭　　　　　　　　（大/小）

4) 腰/腿　　　　　　　　　（粗/细，长/短）
   腰/腿　　　　　　　　　（粗/細，長/短）

5) 鼻子/眼睛　　　　　　　（大/小）
   鼻子/眼睛　　　　　　　（大/小）

6) 手/脚　　　　　　　　　（长/短，大/小）
   手/腳　　　　　　　　　（長/短，大/小）

ACTIVITY SEVEN　　Talk about the following people in the picture.

例　Example：

　　A：这几个人，谁眼睛最大？谁眼睛最小？
　　　 這幾個人，誰眼睛最大？誰眼睛最小？

　　B：安娜眼睛最大，皮特眼睛最小。
　　　 安娜眼睛最大，皮特眼睛最小。

安娜　　玛丽　莉莉　皮特　　马克　　大卫
安娜　　瑪麗　莉莉　皮特　　馬克　　大衛

这几个人，谁 1) 鼻子最高？
這幾個人，誰　　鼻子最高？

2) 耳朵最大/小？
耳朵最大/小？

3) 脚最大/小？
腳最大/小？

4) 手最大/小？
手最大/小？

5) 腿最长/短？
腿最長/短？

6) 腰最粗/细？
腰最粗/細？

7) 头发最长/短？
頭髮最長/短？

8) 肚子最大/小？
肚子最大/小？

ACTIVITY EIGHT   Interview your classmates.

例   Example：
　　A：你哥哥 鼻子 高不高？
　　　 你哥哥 鼻子 高不高？

　　B：很高/不太高。
　　　 很高/不太高。

1) 弟弟
   弟弟

2) 姐姐
   姐姐

3) 男/女朋友
   男/女朋友

4) 妹妹
   妹妹

5) 爸爸
   爸爸

6) 妈妈
   媽媽

7) 哥哥
   哥哥

8) 好朋友
   好朋友

A) 嘴巴大
   嘴巴大

B) 腰细
   腰細

C) 头发长
   頭髮長

D) 耳朵小
   耳朵小

E) 鼻子高
   鼻子高

F) 头小
   頭小

G) 腿粗
   腿粗

H) 肚子大
   肚子大

111

I) 脚小
   腳小

J) 眼睛大
   眼睛大

ACTIVITY NINE   Substitution dialog: Complaints.

例   Example:
   A: 你哪儿疼？你腰疼还是肚子疼？
      你哪兒疼？你腰疼還是肚子疼？

   B: 我腰疼。
      我腰疼。

1) 脚/手   2) 肚子/腰   3) 大腿/小腿
   腳/手   肚子/腰   大腿/小腿

4) 眼睛/鼻子   5) 头/脖子   6) 耳朵/嘴巴
   眼睛/鼻子   頭/脖子   耳朵/嘴巴

3. Description of People's Appearance

（无语法项目）

安娜(很胖，不高也不矮，金发，蓝眼睛)
安娜(很胖，不高也不矮，金髮，藍眼睛)

玛丽(又矮又小，不瘦也不胖，红头发，绿眼睛)
瑪麗(又矮又小，不瘦也不胖，紅頭髮，綠眼睛)

莉莉(又高又瘦，棕色头发，棕色眼睛)
莉莉(又高又瘦，棕色頭髮，棕色眼睛)

皮特(很矮，不瘦也不胖，金发，蓝眼睛)
皮特(很矮，不瘦也不胖，金髮，藍眼睛)

马克(很高，很瘦，黑头发，黑眼睛)
馬克(很高，很瘦，黑頭髮，黑眼睛)

大卫(又高又胖，棕色头发，黑眼睛)
大衛(又高又胖，棕色頭髮，黑眼睛)

113

ACTIVITY TEN Identifying people according to the pictures above.

例一　Example 1：

　　　A：那个金发、蓝眼睛的小姐是谁？
　　　　那個金髮、藍眼睛的小姐是誰？

　　　B：是安娜。
　　　　是安娜。

1) 那个金发、蓝眼睛的先生是谁？
   那個金髮、藍眼睛的先生是誰？

2) 那个棕色头发、黑眼睛的先生是谁？
   那個棕色頭髮、黑眼睛的先生是誰？

3) 那个红头发、绿眼睛的小姐是谁？
   那個紅頭髮、綠眼睛的小姐是誰？

4) 那个黑头发、黑眼睛的先生是谁？
   那個黑頭髮、黑眼睛的先生是誰？

5) 那个棕色头发、棕色眼睛的小姐是谁？
   那個棕色頭髮、棕色眼睛的小姐是誰？

例二　Example 2：

　　　A：这个很胖、不高也不矮的小姐是谁？
　　　　這個很胖、不高也不矮的小姐是誰？

　　　B：是安娜。
　　　　是安娜。

1) 这个很高、很瘦的先生是谁？
   這個很高、很瘦的先生是誰？

2) 这个又高又胖的先生是谁？
   這個又高又胖的先生是誰？

3) 这个又高又瘦的小姐是谁？
   這個又高又瘦的小姐是誰？

4) 这个很矮、不瘦也不胖的先生是谁？
   這個很矮、不瘦也不胖的先生是誰？

5) 这个又矮又小、不瘦也不胖的小姐是谁？
   這個又矮又小、不瘦也不胖的小姐是誰？

ACTIVITY ELEVEN   Answer the following questions about your family members' and your friends' height and build.

1) 你爸爸个子很高大吗？你妈妈呢？
   你爸爸個子很高大嗎？你媽媽呢？

2) 你有没有哥哥？他个子矮小吗？
   你有沒有哥哥？他個子矮小嗎？

3) 你有没有姐姐？她很瘦吗？
   你有沒有姐姐？她很瘦嗎？

4) 你有弟弟吗？他个子很瘦小吗？
   你有弟弟嗎？他個子很瘦小嗎？

5) 你有妹妹吗？她很胖吗？
   你有妹妹嗎？她很胖嗎？

6) 你的男／女朋友个子高不高？他／她很瘦吗？
   你的男／女朋友個子高不高？他／她很瘦嗎？

7) 你最好的朋友胖不胖？他／她高不高？
   你最好的朋友胖不胖？他／她高不高？

8) 你们的汉语老师瘦不瘦？他／她个子很高吗？
   你們的漢語老師瘦不瘦？他／她個子很高嗎？

Useful phrases:

(不)很高,(不)很瘦,(不)很胖,(不)很高大,(不)很瘦小,(不)很矮小;

(不)很高,(不)很瘦,(不)很胖,(不)很高大,(不)很瘦小,(不)很矮小;

不胖也不瘦,不高也不矮,不瘦也不小;
不胖也不瘦,不高也不矮,不瘦也不小;

又高又胖,又高又瘦,又高又大,又瘦又小,又矮又小,又瘦又矮。
又高又胖,又高又瘦,又高又大,又瘦又小,又矮又小,又瘦又矮。

ACTIVITY TWELVE Make a brief survey by answering the following questions.

你们汉语班上,几个同学有　　　　　?
你們漢語班上,幾個同學有　　　　　?

　　　　　　　　　　　　　　　　人数(几个?)
　　　　　　　　　　　　　　　　人數(幾個?)

1) 红头发?
　 紅頭髮?　　　　　　　　　　　_____

2) 黑头发?
　 黑頭髮?　　　　　　　　　　　_____

3) 金发?
　 金髮?　　　　　　　　　　　　_____

4) 白头发?
　 白頭髮?　　　　　　　　　　　_____

5) 棕色头发?
　 棕色頭髮?　　　　　　　　　　_____

6) 灰头发?
　 灰頭髮?　　　　　　　　　　　_____

7) 黑眼睛?
　 黑眼睛?　　　　　　　　　　　_____

8) 绿眼睛？
　　绿眼睛？　　　　　　_____

9) 蓝眼睛？
　　藍眼睛？　　　　　　_____

10) 棕色眼睛？
　　 棕色眼睛？　　　　　_____

11) 灰眼睛？
　　 灰眼睛？　　　　　　_____

12) 红眼睛？
　　 紅眼睛？　　　　　　_____

ACTIVITY THIRTEEN　Write a brief description about someone in your class, and then ask your classmates to identify the person you have described.

例　Example:

这个人是男的。他很高,不瘦也不胖。他的头发是黑色的,眼睛是棕色的。今天他穿着一件灰衬衫,一条黑裤子和一双黑皮鞋。他还(hái, in addition)戴着一顶黑帽子。他是谁？

這個人是男的。他很高,不瘦也不胖。他的頭髮是黑色的,眼睛是棕色的。今天他穿著一件灰襯衫,一條黑褲子和一雙黑皮鞋。他還(hái, in addition)戴著一頂黑帽子。他是誰？

Step Five: Classroom & Classes

Topics	Vocab	Activity (oral & reading)	Grammar	Exercise
1. People & Things in the Classroom Character Text: p. 120	p. 119	Act 1: p. 120 Talk about the people and things in the classroom Act 2: p. 122 Q & A: Match the nouns with the numeral-measure words Act 3: p. 123 Substitution dialog: Description of things in the classroom Act 4: p. 125 Interactions: Talk about the quantity of the things in the classroom	S5.1: p. 185 "You" Sentences Expressing Existence	Ex: 1 p. 186
2. Schedule of Classes Character Text: p. 128	p. 126	Act 5: p. 128 Interactions: Talk about schedule of classes Act 6: p. 130 Model dialog: The courses for this semester Act 7: p. 131 Interview your classmates: The Courses you took last semester Act 8: p. 132 Ask questions about the classes you are taking now	S5.2: p. 187 The Prepositional Phrase	Ex: 1, 2 p. 188
3. Classroom Activities Character Text: p. 134	p. 133	Act 9: p. 134 Ask questions with interrogative pronouns Act 10: p. 135 A brief comparison between classmates' performance in class Act 11: p. 136 Answer the questions about your studies Act 12: p. 138 A survey: How often do you do these activities related to your Chinese class? Act: 13: p. 139 Interview your classmates: Activities related to your Chinese class	S5.3: p. 190 The Complement and the Particle "de" S5.4: p. 192 Degree Complement S5.5: p. 197 Pivotal Sentence	Ex: 1 p. 191 Ex: 1, 2, 3 p. 194 Ex: 1, 2 p. 197

STEP FIVE CLASSROOM & CLASSES

I. ORAL ACTIVITIES

1. People and Things in the Classroom

Cf. Grammar S5.1（表示存在的"有"）

VOCABULARY :

1.	bǎ	把	把	(m.w)	*a measure word*
2.	běn	本	本	(m.w)	*a measure word*
3.	běnzi	本子	本子	(n)	note-book; exercise book
4.	bǐ	笔[枝]	筆[枝]		pen; pencil; writing brush
5.	shàn	扇	扇	(m.w)	*a measure word*
6.	chuāng/chuānghu	窗/窗户[个,扇]	窗/窗户[個,扇]	(n)	window
7.	mén	门[扇]	門[扇]	(n)	door; gate
8.	dìtú	地图[张]	地圖[張]	(n)	map
9.	hēibǎn	黑板[块]	黑板[塊]	(n)	blackboard
10.	tāmen	他们	他們	(pron)	they; them
11.	tāmen	她们	她們	(pron)	they; them (*female*)
12.	jiàoshì	教室	教室	(n)	classroom
13.	jiù[－xīn]	旧[－新]	舊[－新]	(a)	old
14.	lǐ	里	裡	(n)	inside

119

15. shū	书[本]	書[本]	(n)	book
16. xīn[– jiù]	新[– 旧]	新[– 舊]	(a)	new
17. yǐzi	椅子[把]	椅子[把]	(n)	chair
18. kuài	块	塊	(m.w)	*a measure word*
19. zhāng	张	張	(m.w)	*a measure word*
20. zhī	枝	枝	(m.w)	*a measure word*
21. zhuōzi	桌子[张]	桌子[張]	(n)	table; desk
22. yígòng	一共	一共	(ad)	altogether; in all

SUPPLEMENTARY VOCABULARY:

1. wàiyǔ	外语	外語	(n)	foreign language
2. xì	系	系	(n)	department; faculty
3. zhǎn	盏	盞	(m.w)	*a measure word*
4. dēng	灯[盏]	燈[盞]	(n)	lamp; light
5. hēibǎnshuā	黑板刷	黑板刷	(n)	blackboard eraser
6. tái	台	臺	(m.w)	*a measure word*
7. kōngtiáojī	空调机[台]	空調機[臺]	(n)	air conditioner

ACTIVITY ONE   Talk about the following picture.

例　Example：
　　A：教室里有六个人还是七个人？
　　　教室裡有六個人還是七個人？

　　B：有七个人。
　　　有七個人。

1) 八张桌子／九张桌子
   八張桌子／九張桌子

2) 一个中国老师／两个中国老师
   一個中國老師／兩個中國老師

3) 五个汉语学生／六个汉语学生
   五個漢語學生／六個漢語學生

4) 九把椅子／十把椅子
   九把椅子／十把椅子

5) 六本汉语书／七本汉语书
   六本漢語書／七本漢語書

6) 四扇窗户／六扇窗户
   四扇窗戶／六扇窗戶

7) 十四枝笔／十五枝笔
   十四枝筆／十五枝筆

8) 六个本子／七个本子
   六個本子／七個本子

9) 三块黑板／四块黑板
   三塊黑板／四塊黑板

10) 一张地图／两张地图
    一張地圖／兩張地圖

11) 两扇门／四扇门
    兩扇門／四扇門

12) 一个*钟／两个钟
    一個*鐘／兩個鐘

13) 十*盏灯／十二盏灯
    十*盞燈／十二盞燈

14) 三个*黑板刷／四个黑板刷
    三個*黑板刷／四個黑板刷

15) 一*台空调机／两台空调机
    一*臺空調機／兩臺空調機

121

ACTIVITY TWO Answer the following questions by matching the appropriate numeral-measure words with the nouns.

A：你们教室里有多少……？
你們教室裡有多少……？

B：我们教室里有
我們教室裡有 _____

一 一	A) 张 張	本	1) 书。 書。
两 兩	B) 个 個	位	2) 老师。 老師。
三 三	C) 本 本	张	3) 桌子。 桌子。
四 四	D) 枝 枝	张	4) 地图。 地圖。
五 五	E) 块 塊	枝	5) 笔。 筆。
? ?	F) 把 把	扇	6) 窗户。 窗戶。
	G) 扇 扇	个	7) 黑板。 黑板。
	H) 位 位	个	8) 本子。 本子。
	I) *台 *臺	把	9) 椅子。 椅子。

122

J) *盏   10) 学生。
   *盞   學生。

       11) 门。
           門。

       12) *空调机。
           *空調機。

       13) *钟。
           *鐘。

       14) *黑板刷。
           *黑板刷。

       15) *灯。
           *燈。

ACTIVITY THREE   Substitution dialog: Describing things in the classroom.

例一   Example 1:

　　A：他们教室里有没有桌子？
　　　他們教室裡有没有桌子？

　　B：有桌子。
　　　有桌子。

　　A：(教室里的)桌子是不是黑的？
　　　(教室裡的)桌子是不是黑的？

　　B：是黑的。／不是黑的，是白的。
　　　是黑的。／不是黑的，是白的。

例二   Example 2:

　　A：学生们有没有书？
　　　學生們有没有書？

123

B：有书。
　　有書。

A：他们/她们的书是不是红的？
　　他們/她們的書是不是紅的？

B：是红的。/ 不是红的，是黄的。
　　是紅的。/ 不是紅的，是黃的。

(教室里的)
(教室裡的)

1) 椅子　　　　　　A) 黑
　 椅子　　　　　　　 黑

2) 桌子　　　　　　B) 白
　 桌子　　　　　　　 白

3) 窗户　　　　　　C) 绿
　 窗戶　　　　　　　 綠

4) 黑板　　　　　　D) 黄
　 黑板　　　　　　　 黃

5) 地图　　　　　　E) 红
　 地圖　　　　　　　 紅

6) 门　　　　　　　F) 棕色
　 門　　　　　　　　 棕色

7) *钟　　　　　　 G) 蓝
　 *鐘　　　　　　　 藍

8) *空调机　　　　 H) 长/短
　 *空調機　　　　　 長/短

9) *黑板刷　　　　 I) 大/小
　 *黑板刷　　　　　 大/小

124

	10) *灯 *燈		J) 新/旧 新/舊
（学生们的） （學生們的）	11) 汉语书 漢語書		K) *灰 *灰
	12) 笔 筆		L) *粉红 *粉紅
	13) 本子 本子		M) *紫 *紫

ACTIVITY FOUR   Interactions: Talk about the quantity of the things in the classroom.

Wàiyǔxì de Jiàoshì
*外语系的教室/*外語系的教室
Classrooms of FLD

教室 jiàoshì Classroom	数量/數量 shùliàng Quantity						
一号教室 一號教室 No. 1 Classroom	十把椅子 十把椅子 10 chairs	十张桌子 十張桌子 10 tables	一扇门 一扇門 1 door	一个窗户 一個窗戶 1 window	一块黑板 一塊黑板 1 blackboard	两*盏灯 兩*盞燈 2 lamps	一*台空调机 一*臺空調機 1 air conditioner
二号教室 二號教室	十五把椅子 十五把椅子	十四张桌子 十四張桌子	两扇门 兩扇門	一个窗户 一個窗戶	两块黑板 兩塊黑板	四盏灯 四盞燈	一台空调机 一臺空調機
三号教室 三號教室	二十把椅子 二十把椅子	十六张桌子 十六張桌子	两扇门 兩扇門	两个窗户 兩個窗戶	两块黑板 兩塊黑板	六盏灯 六盞燈	一台空调机 一臺空調機
四号教室 四號教室	二十五把椅子 二十五把椅子	二十张桌子 二十張桌子	两扇门 兩扇門	三个窗户 三個窗戶	两块黑板 兩塊黑板	八盏灯 八盞燈	一台空调机 一臺空調機
一共	七十把椅子 七十把椅子	六十张桌子 六十張桌子	?	?	?		

例一　Example 1:

　　A：一号教室有多少(把)椅子？
　　　一號教室有多少(把)椅子？

　　B：有十二把(椅子)。
　　　有十二把(椅子)。

例二　Example 2:

　　A：二号教室和四号教室一共有多少(把)椅子？
　　　二號教室和四號教室一共有多少(把)椅子？

　　B：一共有四十把(椅子)。
　　　一共有四十把(椅子)。

例三　Example 3:

　　A：*外语系的六个教室里一共有多少(把)椅子？
　　　*外語系的六個教室裡一共有多少(把)椅子？

　　B：一共有一百五十把(椅子)。
　　　一共有一百五十把(椅子)。

2. Schedule of Classes

Cf. Grammar S5.2（介词结构）

VOCABULARY:

1. cóng…dào…	从…到…	從…到…	(prep)	from . . . to . . .
cóng	从	從	(prep)	from
2. jiàoshòu	教授	教授	(n)	professor
3. huàxué	化学	化學	(n)	chemistry
4. jiāo	教	教	(v)	to teach
5. juéde	觉得	覺得	(v)	to feel; to think; to consider
6. lìshǐ	历史	歷史	(n)	history
7. měi	每	每	(ad)	every; each

8. mén	门	門	(m.w)	a measure word for courses
9. rènzhēn	认真	認真	(a)	conscientious; serious
10. shùxué	数学	數學	(n)	mathematics
11. wénxué	文学	文學	(n)	literature
12. wèntí	问题	問題	(n)	question; problem
13. wùlǐ	物理	物理	(n)	physics
14. xiē	些	些	(m.w)	a measure word; some; a few
15. xuéqī	学期	學期	(n)	term; semester
16. xuéxiào	学校	學校	(n)	school
17. gēn	跟	跟	(prep/v)	with; to follow
18. yìqǐ	一起	一起	(ad)	together
19. yǒuyìsi	有意思	有意思		interesting
yìsi	意思	意思	(n)	meaning
20. yǔfǎ	语法	語法	(n)	grammar
21. nán[－róngyì]	难 [－容易]	難 [－容易]	(a)	difficult
22. róngyì[－nán]	容易 [－难]	容易 [－難]	(a)	easy
23. xǐhuan	喜欢	喜歡	(v)	to like; to be fond of
24. cháng /chángcháng	常/常常	常/常常	(ad)	often
25. nàr[－zhèr]	那儿 [－这儿]	那兒 [－這兒]	(pron)	there
26. qù[－lái]	去[－来]	去[－來]	(v)	to go

Proper Names:

1. Fútè	福特	福特	Ford
2. Hǎilún Gélín	海伦·格林	海倫·格林	Helen Green
3. Huáitè	怀特	懷特	White
4. Lǐ Xīn	李新	李新	Li Xin
5. Mǎdīng	马丁	馬丁	Martin

SUPPLEMENTARY VOCABULARY:

1. kǒuyǔ	口语	口語	(n)	spoken language; colloquialism
2. wǔxiū	午休	午休	(n)	noon nap; siesta
3. dìlǐ	地理	地理	(n)	geography
4. shēngwù	生物	生物	(n)	biology
5. zhèngzhì	政治	政治	(n)	politics
6. tǐyù	体育	體育	(n)	physical education or training
7. tǐyùguǎn	体育馆	體育館	(n)	gymnasium

ACTIVITY FIVE   Interactions: Talk about schedule of classes.

*纽约大学/*紐約大學

姓名：海伦·格林

时间 \ 星期 時間 \ 星期	星期一	星期二	星期三	星期四	星期五
7:30 – 9:00	文学/文學	数学/數學	文学/文學	数学/數學	文学/文學
9:15 – 10:15		*地理		地理	
10:30 – 12:00	历史/歷史		历史/歷史		历史/歷史
12:15 – 1:45		*体育/體育		体育/體育	
2:00 – 3:30	法语/法語		法语/法語		法语/法語

文学：马丁教授，二号教室。   文學：馬丁教授，二號教室。

数学：福特教授，十号教室。   數學：福特教授，十號教室。

历史：金教授，六号教室。   歷史：金教授，六號教室。

地理：李教授，八号教室。   地理：李教授，八號教室。

法语：怀特教授，五号教室。   法語：懷特教授，五號教室。

体育：格林教授，*体育馆。   體育：格林教授，*體育館。

例一　Example 1:

A：星期一、三、五，从七点半到九点，海伦·格林上什么课？
　　星期一、三、五，從七點半到九點，海倫·格林上甚麼課？

B：她上文学课。
　　她上文學課。

A：文学课的老师是谁？
　　文學課的老師是誰？

B：(是)马丁教授。
　　(是)馬丁教授。

A：在哪儿上课？
　　在哪兒上課？

B：在二号教室(上课)。
　　在二號教室(上課)。

北京大学/北京大學

姓名：李新

时间/星期 時間/星期	星期一	星期二	星期三	星期四	星期五
7:45 – 8:45	物理		物理		物理
9:00 – 10:00		化学/化學		化学/化學	
10:15 – 11:15	中文语法 中文語法		中文语法 中文語法		中文语法 中文語法
11:30 – 12:30		*生物		生物	
12:40 – 2:30	*午休	午休	午休	午休	午休
2:45 – 3:45	英语 英語		英语口语 英語口語		英语口语 英語口語
4:00 – 5:00		*政治		政治	

物理：黄老师，一号教室。　　　　　物理：黃老師，一號教室。

化学：白老师,三号教室。　　　化學：白老師,三號教室。

生物：张老师,九号教室。　　　生物：張老師,九號教室。

中文语法：丁老师,十号教室。　中文語法：丁老師,十號教室。

英语口语：格林先生,五号教室。英語口語：格林先生,五號教室。

例二　　Example 2:

A：李新星期几上物理课？
李新星期幾上物理課？

B：星期一、三、五。
星期一、三、五。

A：从几点到几点？
從幾點到幾點？

B：从上午七点三刻到八点三刻。
從上午七點三刻到八點三刻。

A：在四号教室上课吗？
在四號教室上課嗎？

B：不在四号教室,在一号教室。
不在四號教室,在一號教室。

ACTIVITY SIX　　Model dialog: The courses for this semester.

A：这个学期你上几门课？
這個學期你上幾門課？

B：(我)上五门。
(我)上五門。

A：都是哪些课呢？
都是哪些課呢？

B：文学、历史、法文、物理和*体育,你呢？
文學、歷史、法文、物理和*體育,你呢？

A：我也上五门：数学、化学、英文、中文和*政治。
　　我也上五門：數學、化學、英文、中文和*政治。

B：你觉得这些课都很难吗？
　　你覺得這些課都很難嗎？

A：数学、化学和英文都很难，中文和政治不太难。你上的课呢？
　　數學、化學和英文都很難，中文和政治不太難。你上的課呢？

B：物理很难，历史不难也不容易，法文和体育都不难。文学也不容易，可是很有意思。我最喜欢文学，最不喜欢体育。你呢？
　　物理很難，歷史不難也不容易，法文和體育都不難。文學也不容易，可是很有意思。我最喜歡文學，最不喜歡體育。你呢？

A：我最喜欢政治，最不喜欢数学。
　　我最喜歡政治，最不喜歡數學。

ACTIVITY SEVEN   Interview your classmates: the courses you took last semester.

　　上个学期你上几门课？都是哪些课呢？你觉得那些课难不难／容易不容易？那些课有没有意思呢？
　　上個學期你上幾門課？都是哪些課呢？你覺得那些課難不難／容易不容易？那些課有沒有意思呢？

	上几门课？ 上幾門課？	上哪些课？ 上哪些課？	觉得 难／容易 覺得 難／容易	有意思／没有意思
学生 A 學生 A （名字）		1. spanish, history 2. yán jiǎng 3. 4. 5.	very nad.	有意思
学生 B 學生 B （名字）		1. hàn yǔ 2. huà xué 3. shēng wù 4. 5.	very nad.	not at all int.

131

ACTIVITY EIGHT Ask your classmates the following questions.

1) 这个学期你上几门课？你每天都来学校上课吗？
   這個學期你上幾門課？你每天都來學校上課嗎？

2) 你从几点到几点上课？你晚上也有课吗？
   你從幾點到幾點上課？你晚上也有課嗎？

3) 你喜欢哪几门课？那些课有没有意思？
   你喜歡哪幾門課？那些課有沒有意思？

4) 你最喜欢的课是哪一门？最不喜欢的课呢？
   你最喜歡的課是哪一門？最不喜歡的課呢？

5) 你觉得最难的课是哪一门？最容易的课呢？
   你覺得最難的課是哪一門？最容易的課呢？

6) 你最喜欢跟谁一起学习？他/她叫什么名字？
   你最喜歡跟誰一起學習？他/她叫甚麼名字？

7) 你们老师叫什么名字？你觉得他们都很认真吗？
   你們老師叫甚麼名字？你覺得他們都很認真嗎？

8) 你们的老师常在班上问你们问题吗？你也常去老师那儿问他们问题吗？
   你們的老師常在班上問你們問題嗎？你也常去老師那兒問他們問題嗎？

9) 你喜欢不喜欢你们学校的老师？你觉得最喜欢哪一位呢？
   你喜歡不喜歡你們學校的老師？你覺得最喜歡哪一位呢？

10) 你们在哪个教室上汉语课？你觉得汉语课难不难？有没有意思？
    你們在哪個教室上漢語課？你覺得漢語課難不難？有没有意思？

3. Classroom Activities

Cf. Grammar S5.3, S5.4, S5.5（补语和助词"得"，程度补语，兼语句）

VOCABULARY:

1. gěi	给	给	(v/prep)	to give; to; for
2. huídá	回答	回答	(v)	to reply; to answer
3. jiǎng	讲	講	(v)	to explain; to speak
4. kǎoshì	考试	考試	(n/v)	examination; test; to test
kǎo	考	考	(v)	to test
5. kèwén[piān]	课文[篇]	課文[篇]	(n)	text
6. zuò	作	作	(v)	to do; to make
7. liànxí	练习	練習	(n/v)	exercise; practice; to exercise
8. ràng	让	讓	(v)	to let; to ask
9. xiě	写	寫	(v)	to write
10. Hànzì	汉字	漢字	(n)	Chinese character
zì	字	字	(n)	character
11. shēngcí	生词	生詞	(n)	new word; new vocabulary
cí	词	詞	(n)	word
12. kàn	看	看	(v)	to look; to watch; to read
13. tīng	听	聽	(v)	to listen
14. niàn	念	唸	(v)	to read aloud
15. zhǔnbèi	准备	準備	(v)	to prepare; to get ready for
16. de	得	得	(s.p)	*a structural particle*
17. duì[-cuò]	对[-错]	對[-錯]	(a)	correct; right
18. duō[-shǎo]	多[-少]	多[-少]	(a)	many; much
19. shǎo[-duō]	少[-多]	少[-多]	(a)	few; little
20. liúlì	流利	流利	(a)	fluent
21. qīngchu	清楚	清楚	(a)	clear
22. kuài[-màn]	快[-慢]	快[-慢]	(a)	fast; quick
23. màn[-kuài]	慢[-快]	慢[-快]	(a)	slow
24. bāng/bāngzhu	帮/帮助	幫/幫助	(v)	to help; to aid; to assist

133

SUPPLEMENTARY VOCABULARY:

1. túshūguǎn	图书馆	圖書館	(n)	library
2. jiè	借	借	(v)	to borrow
3. cóngbù	从不	從不		never
4. yǒushíhou	有时候	有時候		sometimes
5. zǒng/zǒngshì	总/总是	總/總是	(ad)	always
6. hěnshǎo	很少	很少	(ad)	seldom
7. lùyīn	录音	錄音	(n/v.o)	recording; to record
8. lùxiàng/lùyǐng	录像/录影	錄像/錄影	(n/v.o)	VCR recording; to record with VCR
9. fùxí	复习	複習	(v)	to review
10. gōngkè	功课	功課	(n)	homework; schoolwork
11. zìjǐ	自己	自己	(pron)	self

ACTIVITY NINE Ask questions with interrogative pronouns about the underlined words.

例 Example： 老师 问 学生 问题 问得 很多。
　　　　　　 老師 問 學生 問題 問得 很多。
　　　　　　　A　　　B　　　C　　　　D

A) 谁问学生问题问得很多？
　　誰問學生問題問得很多？

B) 老师问谁问题问得很多？
　　老師問誰問題問得很多？

C) 老师问学生什么问得很多？
　　老師問學生甚麼問得很多？

D) 老师问学生问题问得怎么样？
　　老師問學生問題問得怎麼樣？

1) 学生们回答老师 问题回答得很对。
　　學生們回答老師 問題回答得很對。

134

2) 老师教学生写汉字教得很认真。
   老師教學生寫漢字教得很認真。

3) 李老师问学生 问题问得很难。
   李老師問學生 問題問得很難。

4) 老师给学生讲语法讲得很快。
   老師給學生講語法講得很快。

5) 老师给学生介绍中国＊地理介绍得很清楚。
   老師給學生介紹中國＊地理介紹得很清楚。

6) 马克跟安娜一起作练习作得很慢。
   馬克跟安娜一起作練習作得很慢。

7) 老师帮助学生作语法练习。
   老師幫助學生作語法練習。

8) 老师请大卫念课文。
   老師請大衛唸課文。

9) 老师让学生作＊口语练习。
   老師讓學生作＊口語練習。

10) 老师让学生看＊录像(录影)、听＊录音。
    老師讓學生看＊錄像(錄影)、聽＊錄音。

ACTIVITY TEN A brief comparison between classmates: Activities in Chinese class.

在汉语班上，
在漢語班上，

名字/ but	Object	verb	de	（不）+ complement (adverb + adjective)
安娜	语法 語法	学	得	很多，
可是	口语 口語	说	得	不太流利。

135

大卫 大衛		口语 口語	说	得	非常流利，
	可是	语法 語法	学	得	不太好。
马克 馬克		考试 考試	考	得	很好，
	可是	汉字 漢字	写	得	不太漂亮。
莉莉		汉字 漢字	写	得	很漂亮，
	可是	考试 考試	考	得	不太好。
皮特		练习 練習	作	得	很快，
	可是	问题 問題	回答	得	很慢。
玛丽 瑪麗		问题 問題	回答	得	很快，
	可是	练习 練習	作	得	很慢。

你*自己呢？你的同学们呢？
你*自己呢？你的同學們呢？

ACTIVITY ELEVEN Answer the following questions.

1) 你们老师问题问得多不多？问得难不难？
   你們老師問題問得多不多？問得難不難？

2) 你们回答问题回答得对不对？回答得快不快？
   你們回答問題回答得對不對？回答得快不快？

136

3) 你们老师教得好不好？教得快不快？
   你們老師教得好不好？教得快不快？

4) 你们念课文念得流利不流利？
   你們唸課文唸得流利不流利？

5) 语法你们老师讲得很清楚吗？
   語法你們老師講得很清楚嗎？

6) 语法练习你们作得认真不认真？
   語法練習你們作得認真不認真？

7) 生词你们老师教得多不多？教得快不快？
   生詞你們老師教得多不多？教得快不快？

8) 你们汉语考试都考得很好吗？
   你們漢語考試都考得很好嗎？

9) 你们写汉字写得快不快？写得好不好？
   你們寫漢字寫得快不快？寫得好不好？

10) 老师说汉语说得清楚不清楚？说得快不快？
    老師說漢語說得清楚不清楚？說得快不快？

11) 汉语书你们看得很多吗？看得快不快？
    漢語書你們看得很多嗎？看得快不快？

12) *口语练习你们作得多不多？作得好不好？
    *口語練習你們作得多不多？作得好不好？

13) *录音你们听得多不多？
    *錄音你們聽得多不多？

14) *录像(录影)你们看得很少吗？
    *錄像(錄影)你們看得很少嗎？

15) *功课老师给得多不多？
    *功課老師給得多不多？

16) 课文你们*复习得快不快?
　　課文你們*複習得快不快?

17) *图书馆的书你们*借得多不多?
　　*圖書館的書你們*借得多不多?

ACTIVITY TWELVE　　How often do you do the following activities?
(*Useful words*:
每天[都], 每个星期[都], 每个月[都], 常, *有时候, *从不, *很少, *总是)
每天[都], 每個星期[都], 每個月[都], 常, *有時候, *從不, *很少, *總是)

在汉语班上,　　1) 老师常问你们问题吗?　　每天都问
在漢語班上,　　　　老師常問你們問題嗎?　　每天都問

　　　　　　　　2) 老师常给你们考试吗?
　　　　　　　　　　老師常給你們考試嗎?　　_____

　　　　　　　　3) 老师常给你们讲语法吗?
　　　　　　　　　　老師常給你們講語法嗎?　　_____

　　　　　　　　4) 你们常听*录音吗?
　　　　　　　　　　你們常聽*錄音嗎?　　_____

　　　　　　　　5) 你常睡觉吗?
　　　　　　　　　　你常睡覺嗎?　　_____

　　　　　　　　6) 你们常作*口语练习吗?
　　　　　　　　　　你們常作*口語練習嗎?　　_____

　　　　　　　　7) 你们常回答老师问题吗?
　　　　　　　　　　你們常回答老師問題嗎?　　_____

　　　　　　　　8) 你们常写汉字吗?
　　　　　　　　　　你們常寫漢字嗎?　　_____

　　　　　　　　9) 老师常让你们念课文吗?
　　　　　　　　　　老師常讓你們唸課文嗎?　　_____

10) 你常吃中国饭吗?
你常吃中國飯嗎? _____

不上课的*时候, 11) 你们常跟老师一起说汉语吗?
不上課的*時候, 你們常跟老師一起說漢語嗎? _____

12) 你常帮助同学学习吗?
你常幫助同學學習嗎? _____

13) 你常看*录像/录影吗?
你常看*錄像/錄影嗎? _____

14) 你常去图书馆*借书吗?
你常去圖書館*借書嗎? _____

在*家的时候, 15) 你常看汉语书吗?
在*家的時候, 你常看漢語書嗎? _____

16) 你常*复习生词吗?
你常*複習生詞嗎? _____

17) 你常复习*功课吗?
你常複習*功課嗎? _____

18) 你常准备考试吗?
你常準備考試嗎? _____

ACTIVITY THIRTEEN Interview your classmates.

	很快	不太快	很慢
	很快	不太快	很慢

1) 现在你汉语说得 <u>快不快?</u>
现在你漢語說得 <u>快不快?</u> _____ _____ _____

2) 老师的问题你回答得
老師的問題你回答得 _____ _____ _____

139

3) 你汉字写得
   你漢字寫得 _____ _____ _____

4) 你课文念得
   你課文唸得 _____ _____ _____

5) 你考试准备得
   你考試準備得 _____ _____ _____

6) 语法练习你作得
   語法練習你作得 _____ _____ _____

7) 汉语书你看得
   漢語書你看得 _____ _____ _____

很流利　流利　不太流利　很不流利
很流利　流利　不太流利　很不流利

8) 课文你念得 <u>流利不流利</u>？
   課文你唸得 <u>流利不流利</u>？ ____ ____ ____ ____

9) 现在你汉语说得
   現在你漢語說得 _____ _____ _____ _____

很好　　　不太好　很不好
很好　　　不太好　很不好

10) 现在你英语说得 <u>好不好</u>？
    現在你英語說得 <u>好不好</u>？ _____ _____ _____

11) 你考试考得
    你考試考得 _____ _____ _____

12) 汉字你写得
    漢字你寫得 _____ _____ _____

很认真　认真　不太认真　很不认真
很認真　認真　不太認真　很不認真

13) 练习你作得 <u>认真不认真</u>？
    練習你作得 <u>認真不認真</u>？ ____ ____ ____ ____

14) 你汉语学得
    你漢語學得   ____   ____   ____

15) 你课文念得
    你課文唸得   ____   ____   ____

16) 你考试准备得
    你考試準備得   ____   ____   ____

                              很多   不太多   很少
                              很多   不太多   很少

17) 你生词学得 多不多?
    你生詞學得 多不多?   ____   ____   ____

18) 你口语练习作得
    你口語練習作得   ____   ____   ____

19) 你录音听得
    你錄音聽得   ____   ____   ____

20) 你录像/录影看得
    你錄像/錄影看得   ____   ____   ____

21) 你功课作得
    你功課作得   ____   ____   ____

22) 你课文复习得
    你課文複習得   ____   ____   ____

GRAMMAR and EXERCISES

S1.1 Sentence with a Verb as the Main Word of its Predicate

Chinese sentences are essentially made up of two parts: the subject part and the predicate part. The predicate expresses what the subject does or how the subject is. The main part of the predicate is the verb. In (1) 认识/認識 rènshi is the verb; in (2), 姓 xìng; and in (3), 是 shì. The noun phrase or pronoun following the verb is generally the object of the verb:

Subject	Predicate
	(Verb + Object)
(1) 我 我 Wǒ	认识 他。 認識 他 rènshi tā.
(2) 他 他 Tā	姓 王。 姓 王 xìng Wáng.
(3) 他 他 Tā	是 丁 老师。 是 丁 老師。 shì Dīng Lǎoshī.

Sentences can be negated by simply adding the negative adverb "不 bù" right before the verb. For example:

Subject	不	Predicate
		(Verb + Object)

(4) 我 不 认识 他。
　　我 不 認識 他。
　　Wǒ bú rènshi tā.

(5) 他 不 姓 王。
　　他 不 姓 王。
　　Tā bú xìng Wáng.

(6) 他 不 是 丁 老师。
　　他 不 是 丁 老師。
　　Tā bú shì Dīng Lǎoshī.

Exercises

1. Translate the following sentences into English.

(1) 我 认识 你。
　　我 認識 你。
　　Wǒ rènshi nǐ.

(2) 她 不 是 陈 小姐。
　　她 不 是 陳 小姐。
　　Tā bú shì Chén Xiǎojie.

(3) 我 是 方 介。
　　我 是 方 介。
　　Wǒ shì Fāng Jiè.

(4) 我 姓 丁。
　　我 姓 丁。
　　Wǒ xìng Dīng.

(5) 我 不 认识 他。
　　我 不 認識 他。
　　Wǒ bú rènshi tā.

(6) 他 叫 小来。
　　他 叫 小來。
　　Tā jiào Xiǎolái.

(7) 她 不 姓 方。
　　她 不 姓 方。
　　Tā bú xìng Fāng.

(8) 我 不 叫 贵生。
　　我 不 叫 貴生。
　　Wǒ bú jiào Guìshēng.

(9) 她 不 认识 你们。
　　她 不 認識 你們。
　　Tā bú rènshi nǐmen.

(10) 他 是 老师。
　　 他 是 老師。
　　 Tā shì lǎoshī.

2. Negate the following sentences.

(1) 他 认识 你。
　　他 認識 你。
　　Tā rènshi nǐ.

(2) 小来 姓 陈。
　　小來 姓 陳。
　　Xiǎolái xìng Chén.

(3) 我 叫 方 介。
　　我 叫 方 介。
　　Wǒ jiào Fāng Jiè.

(4) 他 是 老师。
　　他 是 老師。
　　Tā shì lǎoshī.

(5) 他 叫 王 贵生。
　　他 叫 王 貴生。
　　Tā jiào Wáng Guìshēng.

(6) 我 认识 她。
　　我 認識 她。
　　Wǒ rènshi tā.

(7) 她 是 小来。
　　她 是 小來。
　　Tā shì Xiǎolái.

(8) 贵生　姓　王。
　　 貴生　姓　王。
　　 Guìshēng xìng Wáng.

(9) 老师　姓　丁。
　　 老師　姓　丁。
　　 Lǎoshī xìng Dīng.

(10) 他　姓　方。
　　　他　姓　方。
　　　Tā xìng Fāng.

3. Change the following negative sentences into the affirmative ones.

(1) 小来　不　姓　陈。
　　 小來　不　姓　陳。
　　 Xiǎolái bú xìng Chén.

(2) 您　不　是　丁　老师。
　　 您　不　是　丁　老師。
　　 Nín bú shì Dīng Lǎoshī.

(3) 我　不　姓　王。
　　 我　不　姓　王。
　　 Wǒ bú xìng Wáng.

(4) 他们　不　认识　您。
　　 他們　不　認識　您。
　　 Tāmen bú rènshi nín.

(5) 他　不　叫　方　介。
　　 他　不　叫　方　介。
　　 Tā bú jiào Fāng Jiè.

(6) 这　位　不　是　王　先生。
　　 這　位　不　是　王　先生。
　　 Zhè wèi bú shì Wáng Xiānsheng.

(7) 她　不　认识　丁　老师。
　　 她　不　認識　丁　老師。
　　 Tā bú rènshi Dīng Lǎoshī.

145

(8) 他 不 叫 贵生。
　　他 不 叫 貴生。
　　Tā bú jiào Guìshēng.

(9) 我 不 是 丁 老师。
　　我 不 是 丁 老師。
　　Wǒ bú shì Dīng Lǎoshī.

(10) 你 不 是 方 介。
　　　你 不 是 方 介。
　　　Nǐ bú shì Fāng Jiè.

S1.2 Questions with the Modal Particle "吗/嗎"

The modal particle "吗/嗎 ma" is added at the end of a declarative sentence to form a question. In the following examples, (1) is a declarative sentence, and (2) is a question with a modal particle "吗/嗎 ma".

(1) 他 是 丁 老师。
　　他 是 丁 老師。
　　Tā shì Dīng Lǎoshī.

(2) 他 是 丁 老师 吗?
　　他 是 丁 老師 嗎?
　　Tā shì Dīng Lǎoshī ma?

To such a question, one may either give a short answer by using the verb alone or a longer answer by using the verb and the subject and/or the object. The following table gives the possible answers to the question (2) above:

Affirmative Form	Negative Form
是。 Shì. 他 是。 Tā shì. 是 丁 老师/師。 Shì Dīng Lǎoshī.	不 是。 Bú shì. 他 不 是。 Tā bú shì. 不 是 丁 老师/師。 Bú shì Dīng Lǎoshī.

是，他 是。 Shì, tā shì. 是，是 丁 老师/師。 Shì, shì Dīng Lǎoshī. 他 是 丁 老师/師。 Tā shì Dīng Lǎoshī. 是，他 是 丁 老师/師。 Shì, tā shì Dīng Lǎoshī.	不 是，他 不 是。 Bú shì, tā bú shì. 不 是。不 是 丁 老师/師。 Bú shì. Bú shì Dīng Lǎoshī. 他 不 是 丁 老师/師。 Tā bú shì Dīng Lǎoshī. 不 是，他 不 是 丁 老师/師。 Bú shì, tā bú shì Dīng Lǎoshī.

Exercises

1. Change the following sentences into questions with the modal particle "吗/嗎 ma".

(1) 你们 好。
    你們 好。
    Nǐ men hǎo.

(2) 方 介 是 老师。
    方 介 是 老師。
    Fāng Jiè shì lǎoshī.

(3) 安娜 不 好。
    安娜 不 好。
    Ānnà bù hǎo.

(4) 我 叫 小来。
    我 叫 小來。
    Wǒ jiào Xiǎolái.

(5) 这 位 是 丁 小姐。
    這 位 是 丁 小姐。
    Zhè wèi shì Dīng Xiǎojie.

(6) 他 是 方 先生。
    他 是 方 先生。
    Tā shì Fāng Xiānsheng.

(7) 她 姓 王。
    她 姓 王。
    Tā xìng Wáng.

147

(8) 皮特 是 我 朋友。
　　皮特 是 我 朋友。
　　Pítè shì wǒ péngyou.

(9) 你 来 介绍 一下儿。
　　你 來 介紹 一下兒。
　　Nǐ lái jièshào yíxiàr.

(10) 莉莉 认识 玛丽。
　　 莉莉 認識 瑪麗。
　　 Lìlì rènshi Mǎlì.

2. First **confirm** the following questions and then **negate** them.

(1) 你 是 陈 小来 吗?
　　你 是 陳 小來 嗎?
　　Nǐ shì Chén Xiǎolái ma?

(2) 他 姓 丁 吗?
　　他 姓 丁 嗎?
　　Tā xìng Dīng ma?

(3) 马克 好 吗?
　　馬克 好 嗎?
　　Mǎkè hǎo ma?

(4) 丁 小姐 认识 大卫 吗?
　　丁 小姐 認識 大衛 嗎?
　　Dīng Xiǎojie rènshi Dàwèi ma?

(5) 方 小姐 好 吗?
　　方 小姐 好 嗎?
　　Fāng Xiǎojie hǎo ma?

(6) 这 位 是 王 小姐 吗?
　　這 位 是 王 小姐 嗎?
　　Zhè wèi shì Wáng Xiǎojie ma?

(7) 请 问, 您 是 丁 老师 吗?
　　請 問, 您 是 丁 老師 嗎?
　　Qǐng wèn, nín shì Dīng Lǎoshī ma?

(8) 你 认识 方 先生 吗?
　　你 認識 方 先生 嗎?
　　Nǐ rènshi Fāng Xiānsheng ma?

(9) 这 位 老师 姓 陈 吗?
　　這 位 老師 姓 陳 嗎?
　　Zhè wèi lǎoshī xìng Chén ma?

(10) 小 朋友, 你 叫 小来 吗?
　　 小 朋友, 你 叫 小來 嗎?
　　 Xiǎo péngyou, nǐ jiào Xiǎolái ma?

S1.3 Questions with an Interrogative Pronoun

In Chinese, interrogative pronouns, such as "谁/誰 shéi", "什么/甚麼 shénme" are used to form questions, which cannot be followed by the modal particle "吗/嗎 ma". For example:

(1) 他 姓 丁。
　　他 姓 丁。
　　Tā xìng Dīng.

(2) 他 姓 <u>什么</u>?
　　他 姓 <u>甚麼</u>?
　　Tā xìng <u>shénme</u>?

(3) <u>谁</u> 姓 丁?
　　<u>誰</u> 姓 丁?
　　<u>Shéi</u> xìng Dīng?

Example (1) is a declarative sentence, example (2) is a question formed by substituting the interrogative pronoun "什么/甚麼 shénme" for the family name "丁 Dīng". Example (3) is another question with an interrogative pronoun formed by substituting the interrogative pronoun "谁/誰 shéi" for the personal pronoun "他 tā" in example (1).

Exercises

1. Make the following sentences into questions by changing the underlined words into interrogative pronouns.

(1) 陈　　小来　认识　方　　介。
　　陳　　小來　認識　方　　介。
　　Chén Xiǎolái rènshi Fāng Jiè.

(2) 陈　　小来　认识　方　　介。
　　陳　　小來　認識　方　　介。
　　Chén Xiǎolái rènshi Fāng Jiè.

(3) 他　叫　贵生。
　　他　叫　貴生。
　　Tā jiào Guìshēng.

(4) 他　叫　贵生。
　　他　叫　貴生。
　　Tā jiào Guìshēng.

(5) 小来　不　姓　丁。
　　小來　不　姓　丁。
　　Xiǎolái bú xìng Dīng.

(6) 小来　不　姓　丁。
　　小來　不　姓　丁。
　　Xiǎolái bú xìng Dīng.

(7) 她　是　老师。
　　她　是　老師。
　　Tā shì lǎoshī.

(8) 她　是　老师。
　　她　是　老師。
　　Tā shì lǎoshī.

2. Complete the following conversations.

(1) 安娜：　　我　叫　安娜，
　　安娜：　　我　叫　安娜，_____?
　　Ānnà:　　Wǒ jiào Ānnà,

　　莉莉：　　我　叫　莉莉。
　　莉莉：　　我　叫　莉莉。
　　Lìlì:　　 Wǒ jiào Lìlì.

(2) 马克： 小来
　　馬克： 小來 _____？
　　Mǎkè： Xiǎolái

　　大卫： 他 姓 陈。
　　大衛： 他 姓 陳。
　　Dàwèi： Tā xìng Chén.

(3) 丁老师：
　　丁老師： _____？
　　Dīng Lǎoshī：

　　方　介： 我 是 方 介。丁 老师，您 好！
　　方　介： 我 是 方 介。丁 老師，您 好！
　　Fāng Jiè： Wǒ shì Fāng Jiè. Dīng Lǎoshī, nín hǎo!

　　丁　老师： 你 好！
　　丁　老師： 你 好！
　　Dīng Lǎoshī： Nǐ hǎo!

(4) 丁　老师：　　　　　　　王　贵生？
　　丁　老師：_____ 王　貴生？
　　Dīng Lǎoshī：　　　　　　Wáng Guìshēng?

　　方　介： 我 认识 王 贵生。 我 来 介绍
　　方　介： 我 認識 王 貴生。 我 來 介紹
　　Fāng Jiè： Wǒ rènshi Wáng Guìshēng. Wǒ lái jièshào

　　　　　　 一下儿。这 是 王 贵生，这 是
　　　　　　 一下兒。這 是 王 貴生，這 是
　　　　　　 yíxiàr. Zhè shì Wáng Guìshēng, zhè shì

　　丁　老师。
　　丁　老師。
　　Dīng Lǎoshī.

　　王　贵生： 丁 老师，您 好！
　　王　貴生： 丁 老師，您 好！
　　Wáng Guìshēng： Dīng Lǎoshī, nín hǎo!

151

S1.4 Elliptical Questions with the Modal Particle "呢"

Elliptical questions may be formed by merely adding "呢 ne" to a noun phrase, a simple noun or a pronoun. When there is no context, such questions are usually used to ask where someone or something is. When there is a context, the context will determine the meaning of the question. For example:

(1) 丁　老师　呢?
　　丁　老師　呢?
　　Dīng Lǎoshī ne?

(2) 方　介：你好　吗?
　　方　介：你好　嗎?
　　Fāng Jiè: Nǐ hǎo ma?

　　王　贵生：　我　很　好，你　呢?
　　王　貴生：　我　很　好，你　呢?
　　Wáng Guìshēng: Wǒ hěn hǎo, nǐ ne?

　　方　介：我　也　很　好，谢谢。
　　方　介：我　也　很　好，謝謝。
　　Fāng Jiè: Wǒ yě hěn hǎo, xièxie.

Example (1) asks where Professor Ding is. Example (2) asks how Fang Jie is doing.

Exercises

1. Translate the following questions into English.

(1) 丁　先生　很　忙，王　先生　呢?
　　丁　先生　很　忙，王　先生　呢?
　　Dīng Xiānsheng hěn máng, Wáng Xiānsheng ne?

(2) 方　小姐　呢?
　　方　小姐　呢?
　　Fāng Xiǎojie ne?

(3) 我　叫　方　介，你呢?
　　我　叫　方　介，你呢?
　　Wǒ jiào Fāng Jiè, nǐ ne?

(4) 丁 先生 很 忙, 丁 小姐 呢?
    丁 先生 很 忙, 丁 小姐 呢?
    Dīng Xiānsheng hěn máng, Dīng Xiǎojie ne?

(5) 你 是 方 介, 他 呢?
    你 是 方 介, 他 呢?
    Nǐ shì Fāng Jiè, tā ne?

(6) 你 认识 玛丽, 他 呢?
    你 認識 瑪麗, 他 呢?
    Nǐ rènshi Mǎlì, tā ne?

(7) 我们 很 忙, 你们 呢?
    我們 很 忙, 你們 呢?
    Wǒmen hěn máng, nǐmen ne?

(8) 她 叫 安娜, 你 呢?
    她 叫 安娜, 你 呢?
    Tā jiào Ānnà, nǐ ne?

S1.5 Sentence with an Adjective as the Main Word of the Predicate

The main word of the predicate of a sentence does not have to be a verb. It can be an adjective, such as "您好 nín hǎo". A similar sentence in English needs the copular verb "to be": "You are fine." In Chinese, the copular verb "是 shì" is generally not used when the predicate is an adjective. Instead, the adverb "很 hěn", meaning "very", is generally used with the adjective. Because of the high frequency of "很 hěn" with an adjective in the predicate, the meaning of "很 hěn" becomes very weak. It does not need to be translated. "我很好 Wǒ hěn hǎo" can simply be translated as "I am fine". More examples:

(1) 他 很 好。
    他 很 好。
    Tā hěn hǎo.

(2) 方 介 很 忙。
    方 介 很 忙。
    Fāng Jiè hěn máng.

To negate a sentence with an adjective as the main word of the predicate, one also uses the negative word "不 bù". "不 bù" is placed before the adjective in the predicate. For example:

(3) 方 介 不 忙。
方 介 不 忙。
Fāng Jiè bù máng.

In such cases, the adverb "很 hěn" does not occur frequently. If it occurs, it carries the original meaning "very". For example:

(4) 方 介 不 很 忙。
方 介 不 很 忙。
Fēng Jiè bù hěn máng.

Notice that in the affirmative form of a sentence with an adjectival predicate, if there is not adverb such as "很 hěn" in front of the adjective, there should be another clause to express the meaning of contrast. For example:

(5) 方 介 忙， 陈 小来 不 忙。
方 介 忙， 陳 小來 不 忙。
Fāng Jiè máng, Chén Xiǎolái bù Máng.

(6) 方 介 忙， 陈 小来 也 忙。
方 介 忙， 陳 小來 也 忙。
Fāng Jiè máng, Chén Xiǎolái yě máng.

In these examples, the first clause does not have an adverb in front of the adjectival predicate "忙 máng"; therefore the second clause is used to present a contrast. However, in the examples (1) – (3) above, there are adverbs "很 hěn" and "不 bù" in front of the adjectival predicates "好 hǎo" and "忙 máng", therefore no contrastive clause is needed.

Greeting sentences such as "丁先生好 Dīng Xiānsheng hǎo!" are exceptions to this generalization: no adverb is needed to precede the adjectival predicate "好 hǎo".

Exercises

1. Use the following words to make sentences.

(1) 丁　小姐　早
　　丁　小姐　早
　　Dīng Xiǎojie zǎo

(2) 谢　先生　　好
　　謝　先生　　好
　　Xiè Xiānsheng hǎo

(3) 王　老师　不　忙
　　王　老師　不　忙
　　Wáng Lǎoshī bù máng

(4) 玛丽　很　好
　　瑪麗　很　好
　　Mǎlì hěn hǎo

(5) 安娜　忙　吗
　　安娜　忙　嗎
　　Ānnà máng ma

(6) 王　贵生　好　吗
　　王　貴生　好　嗎
　　Wáng Guìshēng hǎo ma

(7) 陈　先生　王　先生　好　不　好
　　陳　先生　王　先生　好　不　好
　　Chén Xiānsheng Wáng Xiānsheng hǎo bù hǎo

(8) 丁　老师　谢　老师　忙　也
　　丁　老師　謝　老師　忙　也
　　Dīng Lǎoshī Xiè Lǎoshī máng yě

2. Choose any one of the adverbs "不 bù", "也 yě" or "很 hěn" and place it into each of the following sentences.

155

(1) 谢 老师 好。
    謝 老師 好。
    Xiè Lǎoshī hǎo.

(2) 丁 先生 忙。
    丁 先生 忙。
    Dīng Xiānsheng máng.

(3) 方 介 忙, 陈 小来 忙。
    方 介 忙, 陳 小來 忙。
    Fāng Jiè máng, Chéng Xiǎolái máng.

(4) 王 老师 忙 吗?
    王 老師 忙 嗎?
    Wáng Lǎoshī máng ma?

(5) 丁 小姐 好 吗?
    丁 小姐 好 嗎?
    Dīng Xiǎojie hǎo ma?

(6) 王 小姐 很 好, 谢 小姐 很 好。
    王 小姐 很 好, 謝 小姐 很 好。
    Wáng Xiǎojie hěn hǎo, Xiè Xiǎojie hěn hǎo.

(7) 陈 小来 不 忙。
    陳 小來 不 忙。
    Chén Xiǎolái bù máng.

(8) 丁 小姐 不 忙, 丁 先生 也 忙。
    丁 小姐 不 忙, 丁 先生 也 忙。
    Dīng Xiǎojie bù máng, Dīng Xiānsheng yě máng.

S2.1 Numerals（I）

Numerals are words that represent numbers. Numerals contain cardinal numbers and ordinal numbers. Cardinal numbers express numeric value and ordinal numbers express the sequence/order of numbers. An ordinal number is formed by placing a "第 dì" in front of a numeral. For example, 第五 dì wǔ, 第二十七 dì èrshíqī, 第八十四 dì bāshísì, 第一百〇五 dì yībǎi líng wǔ.

156

Exercises

1. Change the following numbers into Arabic numerals.

六十六　　七十一　　一百一十八　　五百七十　　二百三十九
一百〇二　五十四　　三百〇二　　　六百〇三　　四百六十七

2. Change the following numbers into Chinese ordinal numbers.

| 30 | 16 | 48 | 792 | 800 | 23 |
| 903 | 95 | 101 | 518 | 211 | 69 |

S2.2 Ways of Telling Time

The following table shows the ways of how one tells time in Chinese.

Time	Read as (1)	Read as (2)	Read as (3)
1:00	一点/點（钟） yī diǎn (zhōng)		
1:02	一点/點 〇 二（分） yī diǎn líng èr (fēn)		
1:10	一点/點 十 分 yī diǎn shí fēn		
1:15	一点/點 十五（分） yī diǎn shíwǔ (fēn)	一点/點 一刻 yī diǎn yī kè	
1:30	一点/點 三十（分） yī diǎn sānshí (fēn)	一点/點 半 yī diǎn bàn	
1:40	一点/點 四十（分） yī diǎn sìshí (fēn)	两点/點 差 二十 liǎng diǎn chà èrshí	差 二十 两点/點 chà èrshí liǎng diǎn
1:45	一点/點 四十五（分） yī diǎn sì shíwǔ (fēn)	两点/點 差 一刻 liǎng diǎn chà yī kè	差 一刻 两点/點 chà yī kè liǎng diǎn
1:50	一点/點 五十（分） yī diǎn wǔshí (fēn)	两点/點 差 十分 liǎng diǎn chà shí fēn	差 十分 两点/點 chà shí fēn liǎng diǎn

2:00	两 点/點（钟） liǎng diǎn (zhōng)		
3:00	三 点/點（钟） sān diǎn (zhōng)		
12:00	十二 点 （钟） shí'èrdiǎn diǎn (zhōng)		
13:00	十三 点/點（钟） shísāndiǎn (zhōng)		
23:00	二十三 点/點（钟） èrshísān diǎn (zhōng)		
0:00	○ 点/點 líng diǎn		

Exercises

1. Read the following time in Chinese.

    2:04   5:15   6:45   11:28   12:55
    9:30   3:35   8:10   16:08   23:17

2. Write the following time in Arabic numerals.

    五点○三(分)   三点
    五點○三(分)   三點

    差一刻八点   四点半
    差一刻八點   四點半

    三点差五分   六点三十二
    三點差五分   六點三十二

    差十二分两点   九点十分
    差十二分兩點   九點十分

    十二点四十分   八点一刻
    十二點四十分   八點一刻

158

十一点差十分　　　　四点五十
十一點差十分　　　　四點五十

两点四十六　　　　　六点三刻
兩點四十六　　　　　六點三刻

差二十七点　　　　　十点十五
差二十七點　　　　　十點十五

S2.3 Alternative Questions

An alternative question is one formed with two or more statements joined by the conjunction "还/還是 háishì", suggesting two or more different alternatives to choose from. No interrogative pronouns or question particles are needed. For example:

(1) 他　姓　王　　还是　姓　　方？
　　 他　姓　王　　還是　姓　　方？
　　 Tā xìng Wáng háishì xìng Fāng?

(2) 你　认识　王　　贵生、　陈　　小来，　还是　认识
　　 你　認識　王　　貴生、　陳　　小來，　還是　認識
　　 Nǐ rènshi Wáng Guìshēng、Chén Xiǎolái, háishì rènshi
　　 方　介？
　　 方　介？
　　 Fāng Jiè?

To answer an alternative question, one chooses one of the alternatives. For example, either of the (3) or (4) below can be an answer to (1), and (5), (6) or (7) can be an answer to (2):

(3) 他　姓　王。
　　 他　姓　王。
　　 Tā xìng Wáng.

(4) 他　姓　方。
　　 他　姓　方。
　　 Tā xìng Fāng.

159

(5) 我 认识 王 贵生。
　　我 認識 王 貴生。
　　Wǒ rènshi Wáng Guìshēng.

(6) 我 认识 陈 小来。
　　我 認識 陳 小來。
　　Wǒ rènshi Chén Xiǎolái.

(7) 我 认识 方 介。
　　我 認識 方 介。
　　Wǒ rènshi Fāng Jiè.

　　In such questions, if the same verb is used both before and after the conjunction "还/還是 háishì", the one after "还/還是 háishì" can often be dropped, but does not have to be dropped. For instance, both of the following examples (8) and (9) have the same meaning; but (9) omits the verb "问/問 wèn" after "还/還是 háishì":

(8) 你 问 王 老师 还是 问 丁 老师？
　　你 問 王 老師 還是 問 丁 老師？
　　Nǐ wèn Wáng Lǎoshī háishì wèn Dīng Lǎoshī?

(9) 你 问 王 老师 还是 丁 老师？
　　你 問 王 老師 還是 丁 老師？
　　Nǐ wèn Wáng Lǎoshī háishì Dīng Lǎoshī?

　　If the verbs "是 shì" is used in a "还/還是 háishì" sentence, then it has to be dropped after "还/還是 háishì." For example, "他是王先生还/還是是方先生？ Tā shì Wáng Xiānsheng háishì shì Fāng Xiānsheng?" is an incorrect sentence. The correct sentence is:

(10) 他 是 王 先生 还是 方 先生？
　　 他 是 王 先生 還是 方 先生？
　　 Tā shì Wáng Xiānsheng háishì Fāng Xiānsheng?

Exercises

1. Use the following words to make alternative questions.

(1) 是　　　　　　王　先生　　　　　方　先生
　　是　　　　　　王　先生　　　　　方　先生
　　shì　　　　　Wáng Xiānsheng　Fāng Xiānsheng

(2) 问　　　　　　丁　老师　　　　　王　老师
　　問　　　　　　丁　老師　　　　　王　老師
　　wèn　　　　　Dīng Lǎoshī　　　Wáng Lǎoshī

(3) 等于　　　　　四　　　　　　　　六
　　等於　　　　　四　　　　　　　　六
　　děngyú　　　 sì　　　　　　　　liù

(4) 姓　　　　　　陈　　　　　　　　王
　　姓　　　　　　陳　　　　　　　　王
　　xìng　　　　 Chén　　　　　　　 Wáng

(5) 叫　　　　　　贵生　　　　　　　小来
　　叫　　　　　　貴生　　　　　　　小來
　　jiào　　　　 Guìshēng　　　　　Xiǎolái

(6) 是　　　　　　你　老师　　　　　你　朋友
　　是　　　　　　你　老師　　　　　你　朋友
　　shì　　　　　nǐ lǎoshī　　　　nǐ péngyou

(7) 认识　　　　　丁　先生　　　　　丁　小姐
　　認識　　　　　丁　先生　　　　　丁　小姐
　　rènshi　　　 Dīng Xiānsheng　 Dīng Xiǎojie

(8) 现在　　　　　吃　饭　　　　　　睡觉
　　現在　　　　　吃　飯　　　　　　睡覺
　　Xiànzài　　　chī fàn　　　　　shuìjiào

(9) 九　点　半　　睡觉　　　　　　　起床
　　九　點　半　　睡覺　　　　　　　起牀
　　jiǔ diǎn bàn　shuìjiào　　　　qǐchuáng

(10) 十　点　一　刻　　上课　　　　下课
　　 十　點　一　刻　　上課　　　　下課
　　 shí diǎn yí kè　shàngkè　　　xiàkè

161

2. Use alternative questions to complete the following conversations.

(1) 小王：
　　小王：_____?
　　Xiǎo Wáng：

　　小方：　　是　王　　贵生，　不　是　方　介。
　　小方：　　是　王　　貴生，　不　是　方　介。
　　Xiǎo Fāng：Shì Wáng Guìshēng, bú shì Fāng Jiè

(2) 小王：
　　小王：_____?

　　小方：他　问　陈　老师，不　问　丁　老师。
　　小方：他　問　陳　老師，不　問　丁　老師。
　　Tā wèn Chén Lǎoshī, bú wèn Dīng Lǎoshī.

(3) 小王：
　　小王：_____?

　　小方：我　认识　方　老师，不　认识　丁　老师。
　　小方：我　認識　方　老師，不　認識　丁　老師。
　　Wǒ rènshi Fāng Lǎoshī, bú rènshi Dīng Lǎoshī.

(4) 小王：
　　小王：_____?

　　小方：她　介绍　男　朋友，　不　介绍　女
　　小方：她　介紹　男　朋友，　不　介紹　女
　　Tā jièshào nán péngyou, bú jièshào nǚ

　　朋友。
　　朋友。
　　péngyou.

(5) 小王：
　　小王：_____?

　　小方：三　加　三　等于　六，不　等于　七。
　　小方：三　加　三　等於　六，不　等於　七。
　　Sān jiā sān děngyú liù, bù děngyú qī.

(6) 小王：
　　小王：＿＿＿＿＿＿＿＿＿＿＿＿＿＿＿＿＿＿？

　　小方：我　去(to go)　上海，　不　去　北京。
　　小方：我　去(to go)　上海，　不　去　北京。
　　　　　Wǒ　qù　　　　Shànghǎi, bú qù Běijīng.

(7) 小王：
　　小王：＿＿＿＿＿＿＿＿＿＿＿＿＿＿＿＿＿＿？

　　小方：他们　上午　　　上课，　下午　不　上课。
　　小方：他們　上午　　　上課，　下午　不　上課。
　　　　　Tāmen shàngwǔ shàngkè, xiàwǔ bú shàngkè.

(8) 小王：
　　小王：＿＿＿＿＿＿＿＿＿＿＿＿＿＿＿＿＿＿？

　　小方：我们　认识　丁　先生，　　不　认识　陈
　　小方：我們　認識　丁　先生，　　不　認識　陳
　　　　　Wǒmen rènshi Dīng Xiānsheng, bú rènshi Chén

　　　　　小姐。
　　　　　小姐。
　　　　　Xiǎojie.

S2.4 Dates

Chinese years, months, dates and days are generally expressed directly by numbers. For example：

Year：一九九一年、一九九二年、一九九三年、
　　　一九九一年、一九九二年、一九九三年、
　　　yī jiǔ jiǔ yī nián、yī jiǔ jiǔ èr nián、yī jiǔ jiǔ sān nián、

　　　一九九四年
　　　一九九四年
　　　yī jiǔ jiǔ sì nián

Month：一月、二月、三月、　四月……十一月、十二月
　　　　一月、二月、三月、　四月……十一月、十二月
　　　　yīyuè、èryuè、sānyuè、sìyuè……shíyīyuè、shí'èryuè

Date: 一号、二号、三号、 四号 …… 三十号、 三十一号
一號、二號、三號、 四號 …… 三十號、 三十一號
yī hào、èr hào、sān hào、sì hào …… sānshí hào、sānshíyī hào

一日、二日、三日、四日 …… 三十日、三十一日
一日、二日、三日、四日 …… 三十日、三十一日
yī rì、èr rì、sān rì、sì rì …… sānshí rì、sānshíyī rì

Day: 星期一、星期二 …… 星期六、星期日/星期天
星期一、星期二 …… 星期六、星期日/星期天
xīngqīyī、xīngqī'èr …… xīngqīliù、xīngqīrì/xīngqītiān

The order of dates is that the larger unit of time comes before the smaller one. The expression for the year appears before the one for the month, which appears before the one for the date. For example:

一九九五年　十月　二十一日
一九九五年　十月　二十一日
yī jiǔ jiǔ wǔ nián shíyuè èrshíyī rì

一九九九年　六月　八　号
一九九九年　六月　八　號
yī jiǔ jiǔ jiǔ nián liùyuè bā hào

The day is expressed after the date. For example:

一九九七年　五月　十二　日　星期一
一九九七年　五月　十二　日　星期一
yī jiǔ jiǔ qī nián wǔyuè shí'èr rì xīngqīyī

一九九八年　四月　二十六　日 星期日
一九九八年　四月　二十六　日 星期日
yī jiǔ jiǔ bā nián sìyuè èrshíliù rì xīngqīrì

Chinese time words for past, present and future time are:

Past: 前年,　　上　上　个月,　　上　上　个星期,　前天
　　　　　前年,　　上　上　個月,　　上　上　個星期,　前天
　　　　　qiánnián,　shàng shàng ge yuè,　shàng shàng ge xīngqī,　qiántiān

　　　　　去年　　　上　个月,　　　　上　个星期,　　　昨天
　　　　　去年　　　上　個月,　　　　上　個星期,　　　昨天
　　　　　qùnián,　　shàng ge yuè,　　shàng ge xīngqī,　　zuótiān

Present: 今年　　　这　个月,　　　　这　个星期,　　　今天
　　　　　今年　　　這　個月,　　　　這　個星期,　　　今天
　　　　　jīnnián,　　zhè ge yuè,　　　zhè ge xīngqī　　　jīntiān

Future: 明年,　　　下　个月,　　　　下　个星期,　　　明天
　　　　　明年,　　　下　個月,　　　　下　個星期,　　　明天
　　　　　míngnián, xià ge yuè,　　　　xià ge xīngqī,　　míngtiān

　　　　　后年,　　下　下　个月,　　下　下　个星期,　后天
　　　　　後年,　　下　下　個月,　　下　下　個星期,　後天
　　　　　hòunián,　xià xià ge yuè,　 xià xià ge xīngqī,　hòutiān

Exercises

1. Fill in the blanks.

(1)　他今年　十 岁(suì, year old),　　　　　　　九岁,
　　　他今年　十 歲(suì, year old),＿＿＿＿＿＿＿九歲,
　　　Tā jīnnián shí suì,　　　　　　　　　　　　jiǔ suì,

　　　　　　　　　十一岁。
　　　＿＿＿＿＿＿十一歲。
　　　　　　　　　shíyī suì.

(2)　昨天　八月　十五,　　　　　　八月　十六,
　　　昨天　八月　十五,＿＿＿＿＿＿八月　十六,＿＿＿＿＿
　　　Zuótiān bāyuè shíwǔ,　　　　　bāyuè shíliù,

　　　八月　十七。
　　　八月　十七。
　　　bāyuè shíqī.

165

(3) 下 个 星期 不 上课，　　　　　　星期 上课。
　　下 個 星期 不 上課，＿＿＿＿＿星期 上課。
　　Xià ge xīngqī bú shàngkè,　　　　xīngqī shàngkè.

(4) 明年　　是 一九九八 年，　　　　是 一九九六
　　明年　　是 一九九八 年，＿＿＿＿是 一九九六
　　Míngnián shì yī jiǔ jiǔ bā nián, 　　shì yī jiǔ jiǔ liù

年。
年。
nián.

(5) 今天　是 星期三， 明天　是　　　　　　　是
　　今天　是 星期三， 明天　是 ＿＿＿＿，＿＿＿＿是
　　Jīntiān shì xīngqīsān, míngtiān shì 　　　　　 shì

星期二。
星期二。
xīngqī'èr.

(6) 二月 五号 是 星期二， 二月　　　是 星期三， 二月 七
　　二月 五號 是 星期二， 二月 ＿＿＿＿是 星期三， 二月 七
　　Èryuè wǔ hào shì xīngqī'èr, èryuè 　　　shì xīngqīsān, èryuè qī

号 是　　　　　　。
號 是 ＿＿＿＿＿。
hào shì 　　　　　.

(7) 　　　星期五 是 八号，　　　星期五 是 一号，下
　　＿＿＿星期五 是 八號，＿＿＿星期五 是 一號，下
　　　　xīngqīwǔ shì bā hào, 　　xīngqīwǔ shì yī hào, xià

个　　　是 十五 号。
個 ＿＿＿是 十五 號。
ge 　　　shì shíwǔ hào.

(8) 这 个 月 是 八月，　　　个 月 是 六月，　　　个 月
　　這 個 月 是 八月，＿＿＿個 月 是 六月，＿＿＿個 月
　　Zhè ge yuè shì bāyuè, 　　ge yuè shì liùyuè, 　　ge yuè

是 十月。
是 十月。
shì shíyuè.

2. Rearrange the following time words according to their proper order.

(1) 七日　　　　　一九二五年　　　三月
　　七日　　　　　一九二五年　　　三月

(2) 星期五　　　　十二月二日　　　一九九四年
　　星期五　　　　十二月二日　　　一九九四年

(3) 九月　　　　　星期一　　　　　二十六号
　　九月　　　　　星期一　　　　　二十六號

(4) 一九八七年　　十五号　　　　　七月
　　一九八七年　　十五號　　　　　七月

(5) 九月　　　　　星期一　　　　　五号
　　九月　　　　　星期一　　　　　五號

(6) 二十五号　　　五月　　　　　　一九九七年　　　星期日
　　二十五號　　　五月　　　　　　一九九七年　　　星期日

(7) 一号　　　　　星期三　　　　　八月
　　一號　　　　　星期三　　　　　八月

(8) 四月　　　　　星期四　　　　　五号
　　四月　　　　　星期四　　　　　五號

S3.1 Affirmative-Negative Questions

Affirmative-negative questions are formed by putting the affirmative and negative forms of the verb together.

(1) 小王认识她。　　　　　　(2) 小王<u>认识不认识</u>她？
　　小王認識她。　　　　　　　　小王<u>認識不認識</u>她？

(3) 他是小王。　　　　　　　(4) 他是不是小王?
　　他是小王。　　　　　　　　他是不是小王?

Example (1) is a declarative sentence. Combining the affirmative form of the verb "认识/認識" and the negative form of the verb "不认识/認識" forms the affirmative-negative question in example (2). Example (3) is another declarative sentence which has the predicate "是". The corresponding affirmative-negative question (4) is formed by using the combination of "是" and "不是". When the predicate is an adjective, an affirmative-negative question can be formed in the same way: combining the adjective such as "好", "忙" with the negative form of the adjective "不好", "不忙":

(5) 小王好 不好?　　　　　　(6) 小王 忙 不忙?
　　小王好 不好?　　　　　　　小王 忙 不忙?

The adjective in an affirmative-negative question cannot be modified by an adverb such as "很", "也". That is, we can not say "小王很忙不忙?" or "小王很忙不很忙?"

When the verb is a disyllabic word, the second syllable of the affirmative form of the verb is often omitted in an affirmative-negative question. For example, in (7), the second syllable of the affirmative form of the verb "认识/認識" is omitted, but the sentence has the same meaning as sentence (2).

(7) 小王认不认识她?
　　小王認不認識她?

Such questions can be answered with a short answer by simply using the verb (and "不", if the negative answer is chosen) or a longer answer by repeating the subject and/or the object.

(8) 认识。　　　　　　　　　　不认识。
　　認識。　　　　　　　　　　不認識。

(9) 认识她。　　　　　　　　　不认识她。
　　認識她。　　　　　　　　　不認識她。

小王认识。 小王不认识。
小王認識。 小王不認識。

(10) 小王认识她。 小王不认识她。
小王認識她。 小王不認識她。

Another way is to answer the question with two statements: use the short affirmative or negative form of the verb first, followed by a longer answer. The sentences in (11) are possible answers to (2).

(11) 认识,小王认识她。 认识,他认识。
認識,小王認識她。 認識,他認識。

不认识,他不认识她。 不认识,他不认识。
不認識,他不認識她。 不認識,他不認識。

Exercises

1. Change the following "吗/嗎" questions into the affirmative-negative questions.

(1) 小来姓陈吗?
小來姓陳嗎?

(2) 你认识陈小来吗?
你認識陳小來嗎?

(3) 他不是王贵生吗?
他不是王貴生嗎?

(4) 今天是星期天吗?
今天是星期天嗎?

(5) 你叫方介吗?
你叫方介嗎?

(6) 你们学习德文吗?
你們學習德文嗎?

(7) 小王是他的同学吗？
    小王是他的同學嗎？

(8) 你朋友学习英语吗？
    你朋友學習英語嗎？

(9) 他不说汉语吗？
    他不說漢語嗎？

(10) 她是法国人吗？
     她是法國人嗎？

2. Change the following affirmative-negative questions into the "吗/嗎" questions and then negate them.

(1) 你是不是中国人？
    你是不是中國人？

(2) 他们说不说汉语？
    他們說不說漢語？

(3) 你认识不认识小王？
    你認識不認識小王？

(4) 陈老师来不来北京？
    陳老師來不來北京？

(5) 你叫不叫陈小来？
    你叫不叫陳小來？

(6) 她是不是你的同学？
    她是不是你的同學？

(7) 丁先生学习不学习德文？
    丁先生學習不學習德文？

(8) 一加一等于不等于三？
    一加一等於不等於三？

(9) 八减三等于不等于四？
    八減三等於不等於四？

（10）十乘三等于不等于五十？
    十乘三等於不等於五十？

（11）上海二月的天气冷不冷？
    上海二月的天氣冷不冷？

（12）那位女老师现在忙不忙？
    那位女老師現在忙不忙？

S3.2 Sentences with Nominal Predicates

A nominal phrase can be the predicate of a sentence. One can simply say "我二十岁/歲". The verb "是" is not necessary. All of the nine sentences in the following form belongs to this type:

	主语/語 Subject	谓语/語 Predicate
1	小来/來	六岁/歲。
2	方介	二十一。
3	你	几岁/歲？
4	我	北京人。
5	您	贵/貴姓？
6	他	王贵/貴生。
7	我的电话号码/電話號碼	8255590。
8	今年	一九九九年。
9	今天	十五号/號。

Even though "是" is not necessary, it can still be used in many of the sentences, and the meaning remains the same. For example, "是" could be inserted into sentences (6)–(9) to form sentences (10)–(13).

	主语/語 Subject	谓语/謂語 Predicate
10	他	是王贵/貴生。

171

11	我的电话号码/電話號碼	是 8255590。
12	今年	是一九九九年。
13	今天	是十五号/號。

Notice, when sentences (1) – (7) are transformed from affirmative forms to negative ones, "是" becomes obligatory after the adverb "不". Sentences (14) – (20) are the corresponding negative sentences. Notice that they have been turned into sentences with a verbal predicate, since 是 is a verb. For example:

		主语/語 Subject	谓语/謂語 Predicate
14	小来/來	不是六岁/歲。
15	方介	不是二十一。
16	他	不是王贵/貴 生。
17	我的电话号码/我的電話號碼	不是 8255590。
18	今年	不是一九九九年。
19	今天	不是十五号/號。
20	我	不是北京人。

Exercises

1. Answer each of the following questions with a **complete** sentence and then **negate** it.

   例　Example：你今年多大？— 我今年二十岁。→ 我今年不是二十岁。

   你今年多大？— 我今年二十歲。→ 我今年不是二十歲。

(1) 他明年几岁？
   他明年幾歲？

(2) 你的电话号码是多少？
   你的電話號碼是多少？

(3) 王贵生多大？
　　王貴生多大？

(4) 今天几号？
　　今天幾號？

(5) 今年是哪一年？
　　今年是哪一年？

(6) 哪天是二十号？
　　哪天是二十號？

(7) 他哪儿人？
　　他哪兒人？

(8) 明天星期几？
　　明天星期幾？

S3.3 Sentences with "是...的"

A sentence of the "是...的" pattern is usually used to emphasize the time, place or manner of an action which took place in the past. It can also be used to emphasize the purpose of an action, or the usage or origin of an object. The verb "是" should be placed before the words which are emphasized and "的" is usually put at the end of the sentence. For example:

(1) 他昨天在宿舍用(yòng, use)中文介绍美国朋友。(ordinary sentence)
　　他昨天在宿舍用(yòng, use)中文介紹美國朋友。(ordinary sentence)

(2) 他<u>是</u>昨天在宿舍用中文介绍美国朋友<u>的</u>。(**time** emphasized)
　　他<u>是</u>昨天在宿舍用中文介紹美國朋友<u>的</u>。(**time** emphasized)

(3) 他昨天<u>是在宿舍</u>用中文介绍美国朋友<u>的</u>。(**place** emphasized)
　　他昨天<u>是在宿舍</u>用中文介紹美國朋友<u>的</u>。(**place** emphasized)

(4) 他昨天在宿舍<u>是用中文</u>介绍美国朋友<u>的</u>。(**manner** emphasized)
　　他昨天在宿舍<u>是用中文</u>介紹美國朋友<u>的</u>。(**manner** emphasized)

Example (1) is a simple statement of what he did yesterday. (2) emphasizes the time "昨天", (3) emphasizes the place "在宿舍", (4) emphasizes the manner "用中文". More examples:

(5) 他是来学习中文的。
　　他是來學習中文的。

(6) 汉语书是用来学习汉语的。
　　漢語書是用來學習漢語的。

(7) 他的汉语是在中国学的。
　　他的漢語是在中國學的。

(5) emphasizes the purpose "来学习中文/來學習中文", (6) emphasizes the usage of the Chinese book "用来学习汉语/用來學習漢語", and (7) emphasizes the place where he learned his Chinese: "在中国学的/在中國學的".

If the verb in a "是…的" sentence has an object, "的" may be placed between the verb and the object without changing the meaning of the sentence. For example, sentences (2) – (4) could be changed to (8), (9) and (10)。

(8) 他是昨天在宿舍用中文介绍的美国朋友。(time emphasized)
　　他是昨天在宿舍用中文介紹的美國朋友。(time emphasized)

(9) 他昨天是在宿舍用中文介绍的美国朋友。(place emphasized)
　　他昨天是在宿舍用中文介紹的美國朋友。(place emphasized)

(10) 他昨天在宿舍是用中文介绍的美国朋友。(manner emphasized)
　　　他昨天在宿舍是用中文介紹的美國朋友。(manner emphasized)

The negative form of the sentence with the "是…的" pattern is "…不是…的", where "是" is necessary, and "不" has to be before "是". For example:

(11) 他昨天在宿舍不是用中文介绍美国朋友的,是用英文介绍的。
　　　他昨天在宿舍不是用中文介紹美國朋友的,是用英文介紹的。

(12) 他不是来学习中文的,是来学习英文的。
　　 他不是來學習中文的,是來學習英文的。

Exercises

1. Use the following words to make sentences with the "是...的" pattern.

   (1) 陈小来　　　　　昨天　　　　　　来
   　　 陳小來　　　　　昨天　　　　　　來

   (2) 王老师　　　　　上星期　　　　　到　　　　北京
   　　 王老師　　　　　上星期　　　　　到　　　　北京

   (3) 方先生　　　　　上午　　　　　　失踪
   　　 方先生　　　　　上午　　　　　　失踪

   (4) 他　　　　　　　去年　　　　　　出生
   　　 他　　　　　　　去年　　　　　　出生

   (5) 丁小姐　　　　　在北京　　　　　介绍　　　她男朋友
   　　 丁小姐　　　　　在北京　　　　　介紹　　　她男朋友

   (6) 她　　　　　　　在哪儿　　　　　认识　　　你
   　　 她　　　　　　　在哪兒　　　　　認識　　　你

   (7) 我们　　　　　　在宿舍　　　　　吃　　　　饭
   　　 我們　　　　　　在宿舍　　　　　吃　　　　飯

   (8) 老师　　　　　　用(yòng, use)中文　　问　　　留学生
   　　 老師　　　　　　用(yòng, use)中文　　問　　　留學生

   (9) 他爸爸　　　　　六点半　　　　　到　　　　家
   　　 他爸爸　　　　　六點半　　　　　到　　　　家

   (10) 那位美国人　　　坐飞机(by air)　　来　　　　上海
   　　　那位美國人　　　坐飛機(by air)　　來　　　　上海

2. Insert "是" and/or "的" into the following sentences.

   (1) 我在宿舍吃的早饭(breakfast)。
   　　 我在宿舍吃的早飯(breakfast)。

(2) 他妈妈一九五五年出生。
　　他媽媽一九五五年出生。

(3) 我们在宿舍吃午饭(lunch)的。
　　我們在宿舍吃午飯(lunch)的。

(4) 他是一点半到上海。
　　他是一點半到上海。

(5) 王小姐是早上去她朋友家。
　　王小姐是早上去她朋友家。

(6) 她们上个星期失踪。
　　她們上個星期失踪。

(7) 他上个星期六认识我的。
　　他上個星期六認識我的。

(8) 丁老师坐飞机到北京。
　　丁老師坐飛機到北京。

(9) 那位日本留学生在中国学习中文。
　　那位日本留學生在中國學習中文。

(10) 你昨天几点来？
　　 你昨天幾點來？

S4.1 Measure Words

In Chinese, when one counts objects, he or she does not simply add a number before a noun, like "one week" in English. As a rule, a measure word is needed between the number and the noun, such as "一个/個星期". A demonstrative pronoun such as "这" or "那" can be added before the number: "这/這一个/個星期", "那两个/兩個星期". Unlike English which requires an -s (or some other changes) to make a plural noun, Chinese nouns do not change their forms to make a plural: the same form "星期" is used for both "week" and "weeks". It is also expected, then, that "这/這" and "那" can be translated as "this, that" or "these, those".

When "这/這" or "那" is followed by the number "一", the pronunciation of "一" can be fused with "这" or "那": the pronunciation of "这/這一" changes from "zhè yī" to "zhèi" and the pronunciation of "那一" changes from "nà yī" to "nèi". Alternatively, one can simply delete the number "一". Therefore, "这个/這個星期" can be also pronounced as "zhèi ge xīngqī" or "zhè ge xīngqī" and "那个/個星期" can be pronounced as "nèi ge xīngqī" or "nà ge xīngqī". However, two common countable nouns, "年" and "天", do not usually need any measure words.

Exercises

1. Use lines to connect each noun with an appropriate measure word.

量词 Measure Words	名词 Nouns
双/雙	裤子/褲子
	毛衣/毛衣
件/件	皮鞋/皮鞋
	袜子/襪子
条/條	裙子/裙子
	老师/老師
副/副	星期/星期
	学生/學生
只/隻	帽子/帽子
	月/月
顶/頂	眼镜/眼鏡
	人/人
位/位	衬衫/襯衫
	国家/國家
个/個	领带/領帶
	上衣/上衣

2. Complete the following sentences.

(1) 那是一条_____。
    那是一條_____。

(2) 这_____鞋是谁的?
    這_____鞋是誰的?

(3) 你有几件_____?
    你有幾件_____?

(4) 汉语班上有_____学生。
    漢語班上有_____學生。

(5) 我有_____朋友。
    我有_____朋友。

(6) 这是他姐姐的两条_____。
    這是他姐姐的兩條_____。

(7) 你们有几_____汉语老师?
    你們有幾_____漢語老師?

(8) 那是她的一个_____。
    那是她的一個_____。

(9) 他有几_____白袜子?
    他有幾_____白襪子?

(10) 他们都是这_____国家的人。
     他們都是這_____國家的人。

S4.2 Attributes and the Particle "的"

An attribute is an element which modifies a noun or nominal phrase. In Chinese, an attribute is placed before the words that it modifies. For example:

(1) 她有一条绿裙子。
    她有一條綠裙子。

（2）我们的老师很好。
　　我們的老師很好。

（3）他是很好的中文老师。
　　他是很好的中文老師。

In (1) and (2), "裙子" and "老师/師" are nouns, and their modifiers "绿/綠" and "我们/們" are the corresponding attributes. In (3), "中文老师/師" is a nominal phrase, and its modifier "很好" is the attribute.

The particle "的" is the marker of attributes. There is often a "的" immediately after the attribute. "的" is sometimes not needed, especially when the attribute is a monosyllabic adjective. When the adjective has more than one syllable, "的" is used more often than not. For instance, "的" appears with the disyllabic adjective "漂亮" and "瘦小" in examples (4) and (5), respectively; but it does not appear after the monosyllabic adjective "红/紅" and "小" in examples (6) and (7).

（4）她有一件漂亮的上衣。
　　她有一件漂亮的上衣。

（5）他是一个瘦小的男人。
　　他是一個瘦小的男人。

（6）她有一件红毛衣。
　　她有一件紅毛衣。

（7）他有一件小衬衫。
　　他有一件小襯衫。

After an attribute indicating possession, "的" generally is used. In examples (8) and (9), "鞋" belongs to "你" and "帽子" belongs to "方介"; the particle "的" appears between "你" and "鞋", "方介" and "帽子," respectively.

（8）这是你的鞋。
　　這是你的鞋。

179

(9) 那是方介的帽子。
   那是方介的帽子。

When the possessor is expressed by a pronoun, "的" can generally be deleted if the noun denotes a close or kinship relation with the possessor, as in (10) and (11):

(10) 他是我爸爸。
   他是我爸爸。

(11) 我是她妈妈。
   我是她媽媽。

Note that "的" does not occur after a demonstrative or a numeral-measure expression. For example:

(12) 这件上衣很漂亮。
   這件上衣很漂亮。

(13) 我朋友有两双黑皮鞋。
   我朋友有兩雙黑皮鞋。

Exercises

1. Use the following words to make sentences.

  (1) 一件／一件   大衣／大衣

  (2) 红／紅   毛衣／毛衣

  (3) 两双／兩雙   皮鞋／皮鞋

  (4) 黑／黑   袜子／襪子

  (5) 一条／一條   裙子／裙子

  (6) 我／我   爸爸／爸爸

  (7) 马克／馬克   帽子／帽子

  (8) 他／他   妈妈／媽媽

(9) 漂亮/漂亮　　　　　　朋友/朋友

(10) 很好/很好　　　　　　老师/老師

2. Insert the necessary particle "的" into the appropriate sentences.

(1) 他妈妈有两条漂亮红裙子。
　　他媽媽有兩條漂亮紅裙子。

(2) 我朋友有一件蓝色大衣。
　　我朋友有一件藍色大衣。

(3) 他毛衣很好看(good-looking)。
　　他毛衣很好看(good-looking)。

(4) 我有三件衬衫。
　　我有三件襯衫。

(5) 你名字很好。
　　你名字很好。

(6) 那双白皮鞋很大。
　　那雙白皮鞋很大。

(7) 他是我爸爸好朋友。
　　他是我爸爸好朋友。

(8) 这是他黑眼镜。
　　這是他黑眼鏡。

(9) 你看,那双白球鞋是我的。
　　你看,那雙白球鞋是我的。

(10) 他女朋友是学生。
　　他女朋友是學生。

S4.3 The "的" phrase：[... 的 noun] ⇒ [... 的]

In an expression where a noun is preceded by the particle "的", the noun can often be deleted when the context is clear. For example, the noun "毛衣" in "红/紅的毛衣"

181

can be deleted: "红/紅的" can be understood as "红/紅的毛衣" in the appropriate contexts. "他爸爸的袜/襪子" can simply be "他爸爸的" in the appropriate contexts. More examples:

(1) 这几条裙子都是妈妈的(裙子)。
    這幾條裙子都是媽媽的(裙子)。

(2) 小王：那是谁的衬衫？
    小王：那是誰的襯衫？

    小高：是我的(衬衫)。
    小高：是我的(襯衫)。

(3) 那件大衣是黄的(大衣)。
    那件大衣是黃的(大衣)。

Exercises

1. Use the "的" phrase to answer the following questions.

(1) 你是谁的弟弟（dìdi, younger brother）？(陈小来)
    你是誰的弟弟（dìdi, younger brother）？(陳小來)

(2) 她穿的是什么颜色的衬衫？(绿颜色)
    她穿的是甚麼顏色的襯衫？(綠顏色)

(3) 那个人是谁的朋友？(王先生)
    那個人是誰的朋友？(王先生)

(4) 我的裤子长还是你的裤子长？(我)
    我的褲子長還是你的褲子長？(我)

(5) 那是谁穿的上衣？(我朋友)
    那是誰穿的上衣？(我朋友)

(6) 哪件衬衫是你朋友的？(蓝)
    哪件襯衫是你朋友的？(藍)

(7) 这两件毛衣哪一件大？(红色)
    這兩件毛衣哪一件大？(紅色)

(8) 他是你爸爸的老师还是你妈妈的老师？（妈妈）
    他是你爸爸的老師還是你媽媽的老師？（媽媽）

(9) 那是你的电话号码吗？（[回答 huídá, answer]：不是，…小陈）
    那是你的電話號碼嗎？（[回答 huídá, answer]：不是，…小陳）

(10) 这是我们的宿舍吗？（回答：不是，… 我们）
     這是他們的宿舍嗎？（回答：不是，… 我們）

2. Complete the following conversations.

(1) 小方：这件毛衣是＿＿＿＿＿？
    小方：這件毛衣是＿＿＿＿＿？

    小陈：是我朋友的。
    小陳：是我朋友的。

(2) 小方：你爸爸的中文好还是你妈妈的中文好？
    小方：你爸爸的中文好還是你媽媽的中文好？

    小陈：我＿＿＿＿＿好。
    小陳：我＿＿＿＿＿好。

(3) 小方：你住在几层的三号？
    小方：你住在幾層的三號？

    小陈：＿＿＿＿＿。
    小陳：＿＿＿＿＿。

(4) 小方：你的帽子是＿＿＿＿＿吗？
    小方：你的帽子是＿＿＿＿＿嗎？

    小陈：不是，是白的。
    小陳：不是，是白的。

(5) 小方：那是今天上午的课吗？
    小方：那是今天上午的課嗎？

    小陈：不是，是＿＿＿＿＿。
    小陳：不是，是 ＿＿＿＿＿。

183

(6) 小方：她是你们大学的学生还是他们大学的学生？
　　小方：她是你們大學的學生還是他們大學的學生？

　　小陈：她是 _____ 。
　　小陳：她是 _____ 。

S4.4 Sentence with a Subject-Predicate Phrase as the Predicate

Each of the following sentences has a subject – predicate phrase serving as the predicate.

Subject	Predicate
	(Subject-Predicate Phrase)

(1) 我　　　头　　　疼。
　　我　　　頭　　　疼。

(2) 他　　　眼睛　　好。
　　他　　　眼睛　　好。

(3) 方介　　脖子　　不长。
　　方介　　脖子　　不長。

(4) 陈小来　手　　　不大。
　　陳小來　手　　　不大。

The person or thing denoted by the subject of the subject-predicate phrase is often a part of or belongs to the subject of the sentence. In example (1), "我" is the subject of the sentence, "头/頭疼" is a subject-predicate phrase which serves as the predicate of the sentence. "头/頭" is the subject of the phrase, and "头/頭" belongs to "我". Similarly, "眼睛" belongs to "他" in (2), and "手" belongs to "陈小来/陳小來" in (3).

Exercises

1. Use the proper words to fill in the blanks, and complete the sentences with a subject-predicate phrase as the predicate.

　　(1) 安娜 _____ 很长。
　　　　安娜 _____ 很長。

(2) 莉莉眼睛　　　　　。
　　莉莉眼睛　　　　　。

(3)　　　　　耳朵不小。
　　　　　　耳朵不小。

(4) 他　　　疼。
　　他　　　　　疼。

(5) 我耳朵　　　　　。
　　我耳朵　　　　　。

(6)　　　　　同学很多。
　　　　　　同學很多。

(7) 你们朋友　　　　　。
　　你們朋友　　　　　。

(8) 这件上衣颜色　　　　　。
　　這件上衣顏色　　　　　。

(9) 那个大学　　　　　很多。
　　那個大學　　　　　很多。

(10)　　　　　岁数很大。
　　　　　　歲數很大。

S5.1 "有" sentences expressing existence

A "有" sentence uses the verb "有", which expresses existence, as its predicate. The subject of such a sentence is usually a word or phrase which indicates time or place. For example:

	Place/Time	有	Object
(1)	教室里	有	二十把椅子。
	教室裡	有	二十把椅子。
(2)	他家里	有	几个人？
	他家裡	有	幾個人？

(3)　　桌子上　　　　有　　　　一本书。
　　　　桌子上　　　　有　　　　一本書。

(4)　　一年　　　　　有　　　　十二个月。
　　　　一年　　　　　有　　　　十二個月。

(5)　　一个星期　　　有　　　　七天。
　　　　一個星期　　　有　　　　七天。

The negative form of "有" is "没有", examples (6) and (7) are negative "有" sentences.

(6) 教室里没有椅子。
　　教室裡没有椅子。

(7) 今天没有汉语课。
　　今天没有漢語課。

The affirmative-negative question uses the form "有没有":

(8) 教室里有没有椅子?
　　教室裡有没有椅子?

(9) 今天有没有汉语课?
　　今天有没有漢語課?

Exercises

1. Fill in the blanks.

(1) 宿舍里　　　　　一张桌子。
　　宿舍裡__有__一張桌子。

(2) 桌子上没__枝__笔。
　　桌子上没_____筆。

(3) __宿舍里__有一个窗户。
　　_____有一個窗户。

186

(4) 汉语班上　　　　　十二个学生。
　　漢語班上___有___十二個學生。

(5) 这个星期没有
　　這個星期沒有___汉语课___。

(6) 　　　　　有汉语课。
　　_____有漢語課。

(7) 　　　　　有三十天。
　　_____有三十天。

(8) 上午没有　　　　　。
　　上午沒有_____。

(9) 我们大学里有　　　　　。
　　我們大學裡有_____。

(10) 星期三　　　　　英语课。
　　 星期三_____英語課。

S5.2 The Prepositional Phrase

A prepositional phrase, which consists of a preposition and a noun or a pronoun after the preposition, can be used to indicate the time when or the place where an event occurs. Such a time or place prepositional phrase generally occurs before the verb. For example:

(1) 那个留学生<u>从美国来</u>,<u>不从法国来</u>。
　　那個留學生<u>從美國來</u>,<u>不從法國來</u>。

(2) 他姐姐<u>从八点到九点</u>上中文课。
　　他姐姐<u>從八點到九點</u>上中文課。

(3) 小方<u>没从我这儿</u>去学校,他是 <u>从他女朋友那儿</u>去的。
　　小方 <u>沒從我這兒</u>去學校,他是 <u>從他女朋友那兒</u>去的。

(4) 我们<u>在王老师那儿</u>问问题。
　　我們<u>在王老師那兒</u>問問題。

187

(5) 我在家吃早饭,在学校吃午饭。
　　我在家吃早飯,在學校吃午飯。

(6) 小丁常跟小陈一起学习英文。
　　小丁常跟小陳一起學習英文。

Please note that to negate a sentence with a preposition, the negative particle "不" or "没" should be placed right before the preposition, and not before the verb, like examples (1) and (3). As a rule, adverbs are also placed before the verbs, like example (6). When using the prepositional phrases "从…", "到…", or "在…" to indicate locality, nouns or pronouns denoting persons cannot be used independently as the object of the preposition to show locality. They must be used together with the word "这儿/這兒(here)" or "那儿/兒(there)". For example, (3) and (4) have to use "我这儿/這兒," "他女朋友" and "王老师/師 那儿/兒" respectively to show the locality. "我," "他女朋友" and "王老师/師" cannot be used alone, since they denote a person. The same rule applies to the verbs like "在," "来/來," "去". For example, "你的书/書在我这儿/這兒".

Exercises

1. Use prepositions to fill in the blanks.

   (1) 现在丁先生＿＿＿＿北京＿＿＿＿纽约来。
    　　現在丁先生＿＿＿＿北京＿＿＿＿紐約來。

   (2) 方教授＿＿＿＿上午十点＿＿＿＿十二点上物理课。
    　　方教授＿＿＿＿上午十點＿＿＿＿十二點上物理課。

   (3) 我＿＿＿＿朋友那儿借(jiè, borrow)了一本书。
    　　我＿＿＿＿朋友那兒借(jiè, borrow)了一本書。

   (4) 小王每天下午＿＿＿＿三点＿＿＿＿五点都＿＿＿＿宿舍睡觉。
    　　小王每天下午＿＿＿＿三點＿＿＿＿五點都＿＿＿＿宿舍睡覺。

   (5) 我不＿＿＿＿朋友那儿学习,我＿＿＿＿家学习。
    　　我不＿＿＿＿朋友那兒學習,我＿＿＿＿家學習。

(6) 昨天她没　　　　数学老师那儿去。
　　昨天她没_____數學老師那兒去。

(7) 他哥哥　　　　他朋友那儿问问题。
　　他哥哥_____他朋友那兒問問題。

(8) 今天方介不　　　　他太太一起吃午饭。
　　今天方介不_____他太太一起吃午飯。

(9) 小丁每年都　　　　中国去。
　　小丁每年都_____中國去。

(10) 小王　　　　他爸爸、妈妈一起去日本。
　　 小王_____他爸爸、媽媽一起去日本。

2. Rearrange the following fragments in each entry into a grammatically correct sentence.

(1) 每天上午/上化学课/从九点/陈教授/到十一点
　　每天上午/上化學課/從九點/陳教授/到十一點

(2) 方介/学习/每天/在学生宿舍
　　方介/學習/每天/在學生宿舍

(3) 跟哥哥/我/不/明年六月/去德国/一起
　　跟哥哥/我/不/明年六月/去德國/一起

(4) 都在学校/每天/吃早饭/王教授
　　都在學校/每天/吃早飯/王教授

(5) 从/她家/去学校/下午/不/我女朋友
　　從/她家/去學校/下午/不/我女朋友

(6) 一起/小方/来学生宿舍/跟小陈/晚上八点半
　　一起/小方/來學生宿舍/跟小陳/晚上八點半

(7) 留学生/在王老师/问/问题/下午/那儿/常
　　留學生/在王老師/問/問題/下午/那兒/常

(8) 到三点半/丁先生/不/在三号教室/上文学课/从两点一刻
　　到三點半/丁先生/不/在三號教室/上文學課/從兩點一刻

189

(9) 去/到法国/每年八月/安娜/都/吗？
    去/到法國/每年八月/安娜/都/嗎？

(10) 来我这儿/我弟弟/每天晚上/都从他那儿/睡觉
     來我這兒/我弟弟/每天晚上/都從他那兒/睡覺

S5.3 The Complement and the Particle "得"

A word or phrase following a verb to complete the meaning is called a complement. The underlined words or phrases in the following examples (1) – (6) are complements. The particle "得" often occurs between the verb and the complement:

(1) 小王回答<u>得很好</u>。
    小王回答<u>得很好</u>。

(2) 我看<u>得清楚</u>。
    我看<u>得清楚</u>。

According to their meaning, complements are usually classified into five types: degree complements, directional complements, resultant complements, potential complements and quantitative complements. They will be introduced one by one in this and later chapters.

When there are both a complement and an object in the same sentence, there are only two possible word orders: either the complement precedes the object or the object precedes the complement. In the first case, the form should be:

Verb + 得 + Complement (+ Object)

In the following example (3) and (4), the complements "不好" and "清楚" precede the objects "问题" and "字".

(3) 小王回答<u>不好</u>那个问题。
    小王回答 <u>不好</u>那個問題。

(4) 我看得<u>清楚</u>那个字。
    我看得<u>清楚</u>那個字。

190

In the second case, the form should be:

Verb + Object + Repeated Verb + 得 + Complement

This pattern can be illustrated by (5) and (6). The objects "练习/練習" and "课/課文" precede the complements, "快不快" and "很认真" and the verbs "作" and "念/唸" are repeated.

(5) 她作练习作得<u>快不快</u>?
    她作練習作得 <u>快不快</u>?

(6) 学生们念课文念得 <u>很认真</u>。
    學生們唸課文唸得<u>很認真</u>。

Exercises

1. Answer the following questions.

   (1) 他说汉语说得多不多?
       他說漢語說得多不多?

   (2) 你写得好这个很难的汉字吗?
       你寫得好這個很難的漢字嗎?

   (3) 她讲语法讲得好不好?
       她講語法講得好不好?

   (4) 你说得好"吃"这个字吗?
       你說得好"吃"這個字嗎?

   (5) 你看书看得快不快?
       你看書看得快不快?

   (6) 我回答得对不对?
       我回答得對不對?

   (7) 你看得清楚吗?
       你看得清楚嗎?

191

(8) 这些生词他学得很慢吗？
   這些生詞他學得很慢嗎？

(9) 这个练习你作得认真不认真？
   這個練習你作得認真不認真？

(10) 你看得完(wán, finish)那本书吗？
    你看得完(wán, finish)那本書嗎？

S5.4 Degree Complement

Degree complements (usually adjectives or adjectival phrases) are used to indicate the degree or manner of an action. For example:

(1) 今天老师起得很早。
   今天老師起得很早。

(2) 他念课文念得很流利。
   他唸課文唸得很流利。

(3) 他睡觉睡得很晚。
   他睡覺睡得很晚。

In example (1), the degree complement "很早" indicates the degree of the verb "起", while in examples (2) and (3), the degree complements "很流利" and "很晚" denote the manner of the verbs "念/唸" and "睡", respectively.

Notice that there is a particle "得" between the verb and the complement. If the sentence contains an object (including the object of the so-called "verb-object verb", such as "睡觉/覺" and "考试/試",), which is placed after the verb, such as (2) and (3), the form is usually like this:

Subj. + Verb + Obj. + Repeated Verb + 得
   + (**adverb**) + **Complement** (adjective)

The negative form of a sentence with the degree complement places the negative adverb "不" immediately before the adjective which serves as the complement (therefore, **after** "得") to negate it, as shown in examples (4) and (5). When there are adverbs before the adjective, the negation can occur before the adverb.

192

(4) 我今天上课上得不很好。
    我今天上課上得不很好。

(5) 她回答得不太快。
    她回答得不太快。

Affirmative-negative questions for sentences with degree complements are made by juxtaposing the affirmative and negative forms of the adjectival complement. For example:

(6) 老师讲得快不快?
    老師講得快不快?

(7) 他说汉语说得好不好?
    他說漢語說得好不好?

Just like a sentence when an adjective is used as the main word of the predicate, the degree adverb "很" cannot be used in such affirmative-negative questions. For example, one cannot say "很快不很快" or "很快不快" in (9) and "很好不很好" or "很好不好" in (10).

Sometimes the object of a sentence is placed before the verb or even before the subject. The reason for this placement is often to avoid repetition of the verb when the object is emphasized or there is an excessively long object, as shown in the following patterns:

Subject + Object + 得 + (adverb) + Complement (adjective)

(8) 他念课文念得很流利。
    他唸課文唸得很流利。

(9) 课文他念得很流利。
    課文他唸得很流利。

(10) 他课文念得不很流利。
     他課文唸得不很流利。

(11) 他念那一课很难的课文念得很流利。
     他唸那一課很難的課文唸得很流利。

(12) 那一课很难的课文他念得不很流利。
　　 那一課很難的課文他唸得不很流利。

In (8) and (11), the verb "念/唸" appears twice, because the object "课/課文" is placed in the normal place, i.e., it is placed after the verb. However, in (9), (10), when the oject is emphasized, the repetition of the verb "念/唸" is avoided; and in (12), the object "那一课/課很难/難的课/課文" is too long and complicated, so the repetition of the verb "念/唸" is also avoided.

Exercises

1. Select the proper words to complete the following sentences. All the words should be used.

很快	快不快	很慢	很多	很认真
很快	快不快	很慢	很多	很認真
很早	对不对	太少	晚不晚	不流利
很早	對不對	太少	晚不晚	不流利

(1) 爸爸五点起床,他早上起得　　　　　。
　　 爸爸五點起床,他早上起得＿＿＿＿。

(2) 弟弟每天晚上睡觉睡得　　　　　？
　　 弟弟每天晚上睡覺睡得＿＿＿＿？

(3) 留学生问题问得　　　　　。
　　 留學生問題問得＿＿＿＿。

(4) 昨天的考试我准备得　　　　　。
　　 昨天的考試我準備得＿＿＿＿。

(5) 老师语法讲得　　　　　？
　　 老師語法講得＿＿＿＿？

(6) 这课课文很容易,我们念得　　　　　。
　　 這課課文很容易,我們唸得＿＿＿＿。

194

（7）他很瘦，每天吃得　　　　　。
　　　他很瘦，每天吃得＿＿＿＿＿。

（8）这个字她写得　　　　　？
　　　這個字她寫得＿＿＿＿＿？

（9）今天的练习很难，学生们作得　　　　　。
　　　今天的練習很難，學生們作得＿＿＿＿＿。

（10）汉语安娜说得　　　　　。
　　　漢語安娜說得＿＿＿＿＿。

2．Add the structural particle "得" into the following sentences．
（1）你念很流利吗？
　　　你唸很流利嗎？

（2）法语书我看不多。
　　　法語書我看不多。

（3）你弟弟写字写好吗？
　　　你弟弟寫字寫好嗎？

（4）今天的练习小李作很快。
　　　今天的練習小李作很快。

（5）哥哥每天下课下很晚。
　　　哥哥每天下課下很晚。

（6）留学生问题问很多。
　　　留學生問題問很多。

（7）你们念课文念太慢。
　　　你們唸課文唸太慢。

（8）我回答快。
　　　我回答快。

（9）那个汉字他写很好。
　　　那個漢字他寫很好。

(10) 哥哥起床起太早。
　　 哥哥起牀起太早。

3. Use the words given below to make sentences with degree complements.

例　Example：弟弟　　　学　　　化学　　　好
　　　　　　　弟弟　　　學　　　化學　　　好

→ 弟弟<u>学</u>化学<u>学</u>得很好。(object in normal place, verb is repeated)
　 弟弟<u>學</u>化學<u>學</u>得很好。(object in normal place, verb is repeated)

→ 弟弟化学学得很好。(object between subject and verb)
　 弟弟化學學得很好。(object between subject and verb)

→ 化学弟弟学得很好。(object before subject)
　 化學弟弟學得很好。(object before subject)

(1)	大卫	睡	觉	早
	大衛	睡	覺	早
(2)	马克	吃	饭	多
	馬克	吃	飯	多
(3)	马丁	准备	考试	认真
	馬丁	準備	考試	認真
(4)	安娜	看	书	少
	安娜	看	書	少
(5)	皮特	回答	问题	慢
	皮特	回答	問題	慢
(6)	莉莉	说	汉语	流利
	莉莉	說	漢語	流利
(7)	玛丽	介绍	历史	好
	瑪麗	介紹	歷史	好
(8)	丁老师	讲	语法	清楚
	丁老師	講	語法	清楚

(9) 他们　　　　作　　　练习　　　快
　　 他們　　　　作　　　練習　　　快

(10) 我朋友　　　写　　　字　　　漂亮
　　　我朋友　　　寫　　　字　　　漂亮

S5.5 Pivotal Sentence

Pivotal sentences contain two verbal constructions in which the object of the first verb is at the same time the subject of the following verb. For example:

(1) 老师让学生作练习。
　　老師讓學生作練習。

(2) 他教我写字。
　　他教我寫字。

(3) 大卫请小丁说汉语。
　　大衛請小丁說漢語。

In (1), the object "学/學生" of the first verb "让/讓" is also the subject of the second verb "作". In (2), the object "我" of the verb "教" also serves as the subject of the verb "写/寫". In (3), "小丁" is the object of the verb "请/請" and the subject of the verb "说/説" as well. Please note that not all the transitive verbs can be used in this kind of sentences, and as a rule, only causative verbs such as "让/讓", "请/請", "教" can be used.

Exercises

1. Select the proper verbs to fill in the blanks, and each word may be used more than once.

写　请　说　穿　起床　给　吃　作　教　让　回答　念
寫　請　説　穿　起牀　給　吃　作　教　讓　回答　唸

(1) 妈妈让我＿＿＿＿＿那件白衬衫。
　　 媽媽讓我＿＿＿＿＿那件白襯衫。

197

(2) 老师让我们　　　　　课文。
　　 老師讓我們_____課文。

(3) 丁先生　　　　陈老师教法语。
　　 丁先生_____陳老師教法語。

(4) 小来教他弟弟　　　　　英语。
　　 小來教他弟弟_____英語。

(5) 玛丽　　　　大卫　　　　那个字。
　　 瑪麗_____大衛_____那個字。

(6) 姐姐请朋友们　　　　饭。
　　 姐姐請朋友們_____飯。

(7) 方先生　　　　王先生　　　　一个问题。
　　 方先生_____王先生_____一個問題。

(8) 谢老师　　　　他们　　　　练习。
　　 謝老師_____他們_____練習。

(9) 她姐姐　　　　她　　　　我那本书。
　　 她姐姐_____她_____我那本書。

(10) 他爸爸　　　　他每天早上七点　　　　。
　　　他爸爸_____他每天早上七點_____。

2. Complete the following pivotal sentences.

(1) 陈小来请王老师　　　　　　。
　　 陳小來請王老師_____。

(2) 方介让我们　　　　　　。
　　 方介讓我們_____。

(3) 爸爸教弟弟　　　　　　。
　　 爸爸教弟弟_____。

(4) 妈妈让我　　　　　　。
　　 媽媽讓我_____。

198

(5) 丁老师教学生们＿＿＿＿＿＿＿＿。
    丁老師教學生們＿＿＿＿＿＿＿＿。

(6) 爸爸让＿＿＿＿＿＿＿＿去北京。
    爸爸讓＿＿＿＿＿＿＿＿去北京。

(7) 丁先生请＿＿＿＿＿＿＿＿来美国。
    丁先生請＿＿＿＿＿＿＿＿來美國。

(8) ＿＿＿＿＿＿＿＿我们吃法国饭。
    ＿＿＿＿＿＿＿＿我們吃法國飯。

(9) ＿＿＿＿＿＿＿＿他写汉字。
    ＿＿＿＿＿＿＿＿他寫漢字。

(10) ＿＿＿＿＿＿＿＿老师讲语法。
     ＿＿＿＿＿＿＿＿老師講語法。

Appendix 1: Vocabulary (*Pinyin*-ordered)

Pinyin		Character		English	Lesson
ǎi[– gāo]	(a)	矮[– 高]	矮[– 高]	(*one's height*) short	4.3
ǎixiǎo [– gāodà]	(a)	*矮小 [– 高大]	矮小 [– 高大]	short and small	4.3
Ānnà	(n)	安娜	安娜	Anna	1.1
Ānnà Lǐ	(n)	安娜·李	安娜·李	Anna Lee	3.3
Àodàlìyà	(n)	*澳大利亚	*澳大利亞	Australia	3.1
Àodàlìyàrén	(n)	*澳大利亚人	*澳大利亞人	Australian	3.1
bā	(n.w)	八	八	eight	2.1
bāyuè	(n)	八月	八月	August	2.3
bǎ	(m.w)	把	把	*measure word*	5.1
bàba	(n)	爸爸	爸爸	dad; papa; father	3.2
bái	(a)	白	白	white	4.1
bǎi	(n.w)	百	百	hundred	2.1
bān	(n)	班	班	class; squad	4.1
bānshang	(n)	班上	班上	in the class	4.1
bàn	(n.w)	半	半	half	2.2
bànyè	(n)	半夜	半夜	midnight; in the middle of the night	2.2
bāng/bāngzhu	(v/n)	帮/帮助	幫/幫助	help; aid; assist	5.3
Běijīng	(n)	北京	北京	Beijing	2.2
běn	(m.w)	本	本	*measure word for books*	5.1
běnzi	(n)	本子	本子	notebook; exercise book	5.1
bízi	(n)	鼻/鼻子	鼻/鼻子	nose	4.2
bǐ[zhī]	(n)	笔[枝]	筆[枝]	pen; pencil; writing brush	5.1
biǎo[zhī]	(n)	表[只]	錶[隻]	watch	2.2
bózi	(n)	脖子	脖子	neck	4.2

búkèqi		不客气	不客氣	you're welcome; don't mention it	2.2
bù	(ad)	不	不	not; no	1.1
céng	(m.w)	层	層	measure word for floors, stories	3.2
chà	(v/a)	差	差	lack; bad	2.2
cháng/chángcháng	(ad)	常/常常	常/常常	often	5.2
cháng[-duǎn]	(a)	长[-短]	長[-短]	long	4.2
Cháoxiǎn	(n)	*朝鲜	*朝鮮	Korea	3.1
Cháoxiǎnrén	(n)	*朝鲜人	*朝鮮人	Korean (people)	3.1
Cháoxiǎnwén	(n)	*朝鲜文	*朝鮮文	Korean (language)	3.1
Cháoxiǎnyǔ	(n)	*朝鲜语	*朝鮮語	Korean (language)	3.1
Chén Xiǎolái	(n)	陈小来	陳小來	Chen Xiaolai	1.1
chènshān[jiàn]	(n)	衬衫[件]	襯衫[件]	shirt; blouse	4.1
chéng	(n)	*乘	*乘	multiply	2.1
chéngshì	(n)	城市	城市	city	2.2
chī	(v)	吃	吃	eat; dine	2.2
chūshēng/shēng	(v)	出生/生	出生/生	be born	3.3
chuān	(v)	穿	穿	wear; put on (clothes, shoes, socks)	4.1
chuāng[shàn/gè]	(n)	窗[扇/个]	窗[扇/個]	window	5.1
chuáng[zhāng]	(n)	床[张]	牀[張]	bed	2.3
cí	(n)	词	詞	word	5.3
cóng	(prep)	从	從	from	5.2
cóng…dào	(prep)	从…到	從…到	from…to	5.2
cóngbù/cóngméi		*从不/从没	*從不/從沒	never	5.3
cū[-xì]	(a)	粗[-细]	粗[-細]	wide; thick (in diameter); coarse	4.2
dà[-xiǎo]	(a)	大[-小]	大[-小]	big; large; old (age)	3.2
dàtuǐ[tiáo]	(n)	大腿[条]	大腿[條]	thigh	4.2
Dàwèi	(n)	大卫	大衛	David	1.1
dàxué	(n)	大学	大學	university	3.3
dàyī[jiàn]	(n)	大衣[件]	大衣[件]	overcoat; topcoat	4.1

201

dài	(v)	*戴	*戴	wear; put on (accessories)	4.1
dào	(prep/v)	*到	*到	to; arrive	2.2
dàodá	(v/n)	*到达	*到達	arrive; arrival	2.2
de	(s.p)	的	的	*structural particle*	1.1
de	(s.p)	得	得	*structural particle*	5.3
dé	(v)	*得	*得	get; acquire; obtain	2.1
Déguó	(n)	德国	德國	Germany	3.1
Déwén	(n)	德文	德文	German (language)	3.1
Déyǔ	(n)	德语	德語	German (language)	3.1
Déguórén	(n)	德国人	德國人	German (people)	3.1
dēng[zhǎn]	(n)	*灯[盏]	*燈[盞]	lamp; light	5.1
děngyú		*等于	*等於	be equal to	2.1
dì	(prefix)	第	第	*the prefix for ordinary numbers*	2.1
dìdi	(n)	弟弟	弟弟	younger brother	4.2
dìdiǎn	(n)	地点	地點	place; site; locale	3.3
dìlǐ	(n)	*地理	*地理	geography	5.2
dìtú[zhāng]	(n)	地图[张]	地圖[張]	map	5.1
diǎn	(m.w/n)	点	點	o'clock; point; dot	2.2
diànhuà[bù]	(n)	电话[部]	電話[部]	telephone	3.2
Dīng	(n)	丁	丁	*surname*	1.1
dǐng	(m.w)	*顶	*頂	*measure word for hats and caps*	4.1
dōu	(ad)	都	都	both; all; inclusively	1.2
dùzi	(n)	肚子	肚子	stomach	4.2
duǎn[-cháng]	(a)	短[-长]	短[-長]	(length) short	4.2
duì[-cuò]	(a)	对[-错]	對[-錯]	correct; right	5.3
duìbuqǐ		*对不起	*對不起	sorry; excuse me	1.1
duō[-shǎo]	(a)	多[-少]	多[-少]	many; much	5.3
duō dà		多大	多大	how old; how big	3.2
duōshao	(pron)	多少	多少	how many; how much	2.1
Éguó	(n)	俄国	俄國	Russia	3.1
Éguórén	(n)	俄国人	俄國人	Russian (people)	3.1
Éwén	(n)	俄文	俄文	Russian (language)	3.1

Éyǔ	(n)	俄语	俄語	Russian (language)	3.1
ěrduo	(n)	耳/耳朵	耳/耳朵	ear	4.2
[zhī, shuāng]		[只,双]	[隻,雙]		
èr	(n.w)	二	二	two	2.1
èryuè	(n)	二月	二月	February	2.3
Fǎguó	(n)	法国	法國	France	3.1
Fǎguórén	(n)	法国人	法國人	French (people)	3.1
Fǎwén	(n)	法文	法文	French (language)	3.1
Fǎyǔ	(n)	法语	法語	French (language)	3.1
fàn	(n)	饭	飯	cooked rice; meal; food	2.2
Fāng Jiè	(n)	方介	方介	Fang Jie (*a person's name*)	1.1
fēi	(v)	*飞	*飛	fly	2.2
fēicháng	(ad)	非常	非常	extremely	2.3
fēijī[jià]	(n)	*飞机[架]	*飛機[架]	airplane; aircraft	2.2
fēn/fēnzhōng	(m.w/n)	分/分钟	分/分鐘	minute	2.2
fěnhóng	(a)	*粉红	*粉紅	pink	4.1
Fútè	(n)	福特	福特	Ford	5.2
fù	(m.w)	*副	*副	*measure word*	4.1
fùxí	(v)	复习	複習	review	5.3
gāo[-ǎi]	(a)	高[-矮]	高[-矮]	tall; high	4.2
gāodà[-ǎixiǎo]	(a)	*高大[-矮小]	*高大[-矮小]	tall and big	4.3
gēge	(n)	哥哥	哥哥	elder brother	4.2
gè	(m.w)	个	個	*measure word*	2.3
gèzi	(n)	个子	個子	height; stature; build	4.3
gěi	(prep/v)	给	給	for; to; give	5.3
gēn	(prep/v)	跟	跟	with; follow	5.2
gōngānyuán	(n)	*公安员	*公安員	public security officer	3.3
gōngfēn	(m.w)	*公分	*公分	centimeter	3.3
gōngjīn	(m.w)	*公斤	*公斤	kilogram	3.3
gōngkè	(n)	*功课	*功課	homework; schoolwork	5.3
Guǎngzhōu	(n)	*广州	*廣州	Guangzhou	2.2
Guìlín	(n)	*桂林	*桂林	Guilin	2.2

guìxìng		贵姓	貴姓	What's your noble surname?	1.1
guó/guójiā	(n)	*国/国家	*國/國家	country; state; nation	3.1
guójí	(n)	*国籍	*國籍	nationality	3.3
háishì	(conj)	还是	還是	or	2.2
Hǎilún Gélín	(n)	海伦·格林	海倫·格林	Helen Green	5.2
Hánguó	(n)	*韩国	*韓國	Korea	3.1
Hánguórén	(n)	*韩国人	*韓國人	Korean (people)	3.1
Hánguówén	(n)	*韩国文	*韓國文	Korean (language)	3.1
Hánguóyǔ	(n)	*韩国语	*韓國語	Korean (language)	3.1
Hànyǔ	(n)	汉语	漢語	Chinese (language)	1.1
Hànzì	(n)	汉字	漢字	Chinese character	5.3
hǎo[-huài]	(a)	好[-坏]	好[-壞]	good; fine; nice; well	1.1
hào	(n)	号	號	day of the month; number	2.3
hàomǎ	(n)	号码	號碼	(serial) number	3.2
hé	(conj/prep)	和	和	and, with	4.3
hēi	(a)	黑	黑	black; dark	4.1
hēibǎn[kuài]	(n)	黑板[块]	黑板[塊]	blackboard	5.1
hēibǎnshuā	(n)	黑板刷	黑板刷	blackboard eraser	5.1
hěn	(ad)	很	很	very	1.2
hěnshǎo	(ad)	*很少	*很少	seldom; very few; very little	5.3
hóng	(ad)	红	紅	red	4.1
hòunián	(n)	后年	後年	the year after next year	2.3
hòutiān	(n)	后天	後天	the day after tomorrow	2.3
Hú'ān	(n)	胡安	胡安	Juan (*a Spanish name*)	3.1
huàxué	(n)	化学	化學	chemistry	5.2
Huáitè	(n)	怀特	懷特	White	5.2
huáng	(a)	黄	黃	yellow	4.1
huī	(a)	*灰	*灰	grey	4.1
huídá	(v)	回答	回答	reply; answer	5.3
jǐ	(pron)	几	幾	how many; how much; several	2.1

jiā	(n)	家	家	home; house; family	3.2
jiā[－jiǎn]	(v)	*加[－减]	*加[－減]	add	2.1
Jiānádà	(n)	*加拿大	*加拿大	Canada	3.1
jiānádàrén	(n)	*加拿大人	*加拿大人	Canadian	3.1
jiǎn[－jiā]	(v)	*减[－加]	*減[－加]	subtract	2.1
jiàn	(m.w)	件	件	*measure word*	4.1
jiàn	(v)	见	見	see; meet	1.2
jiǎng	(v)	讲	講	explain; speak	5.3
jiāo	(v)	教	教	teach	5.2
jiǎo[zhī, shuāng]	(n)	脚[只,双]	腳[隻,雙]	foot	4.2
jiào	(v)	叫	叫	call; be called	1.1
jiàoshì	(n)	教室	教室	classroom	5.1
jiàoshòu	(n)	教授	教授	professor	5.2
jiějie	(n)	姐姐	姐姐	elder sister	4.2
jiè	(v)	借	借	borrow; loan	5.3
jièshào	(v)	介绍	介紹	introduce	1.1
jīn (sè)	(n)	金(色)	金(色)	gold (color)	4.3
jīnnián	(n)	今年	今年	this year	2.3
jīntiān	(n)	今天	今天	today	2.3
jiǔ	(n.w)	九	九	nine	2.1
jiǔyuè	(n)	九月	九月	September	2.3
jiù[－xīn]	(a)	旧[－新]	舊[－新]	old	5.1
Jiùjīnshān	(n)	*旧金山	*舊金山	San Francisco (*the Old Gold Mountain*)	2.2
juédé	(v)	觉得	覺得	feel; think; consider	5.2
kàn	(v)	看	看	look; watch; read	5.3
kǎoshì	(n/v)	考试	考試	examination; test	5.3
Kǎosījī	(n)	*考斯基	*考斯基	Kautsky (*a Russian name*)	3.1
kěshì	(conj)	可是	可是	but; however	3.1
kè	(m.w)	刻	刻	*measure word; a quarter of an hour*	2.2
kè	(n)	课	課	class; lesson	2.2
kèqi	(a/v)	*客气	*客氣	polite; courteous; modest	2.2

205

kèwén[piān]	(n)	课文[篇]	課文[篇]	text	5.3
kōngtiáojī[tái]		*空调机[台]	*空調機[臺]	air conditioner	5.1
kǒuyǔ	(n)	*口语	*口語	spoken language; colloquialism	5.2
kùzi[tiáo]	(n)	裤子[条]	褲子[條]	pants; trousers	4.1
kuài[–màn]		快[–慢]	快[–慢]	fast; quick; rapid	5.3
kuài	(m.w)	块	塊	*measure word*; piece	5.1
lái[–qù]		来[–去]	來[–去]	come	1.1
lán	(a)	蓝	藍	blue	4.1
lǎoshī	(n)	老师	老師	teacher; instructor	1.1
le	(part)	*了	*了	*modal particle for confirming something*	3.2
lěng[–rè]		冷[–热]	冷[–熱]	cold	2.3
Lǐ Xīn	(n)	李新	李新	Li Xin (*a person's name*)	5.2
lǐ	(n)	里	裡	inside	5.1
lì	(n)	例	例	example	2.1
Lìlì	(n)	莉莉	莉莉	Lili	4.2
lìshǐ	(n)	历史	歷史	history	5.2
liànxí	(n)	练习	練習	exercise; practice	5.3
liǎng	(n.w)	两	兩	two (*which goes with measure words*)	2.1
líng	(n.w)	〇(零)	〇(零)	zero; nil	2.1
lǐngdài[tiáo]	(n)	*领带[条]	*領帶[條]	tie	4.1
liúlì	(a)	流利	流利	fluent	5.3
liúxuéshēng	(n)	留学生	留學生	foreign student; overseas student	3.3
liù	(n.w)	六	六	six	2.1
liùyuè	(n)	六月	六月	June	2.3
lóu	(n)	*楼	*樓	storied building; floor	3.2
lùxiàng/lùyǐng	(n)	*录像/录影	*錄像/錄影	VCR recording	5.3
lùyīn	(n)	*录音	*錄音	recording; record	5.3
lǜ	(a)	绿	綠	green	4.1
Luòshānjī	(n)	*洛杉矶	*洛杉磯	Los Angeles	2.2
ma	(part)	吗	嗎	"*yes*" or "*no*" question	

206

				particle	1.1
māma	(n)	妈妈	媽媽	mom; mama; mother	3.2
Mǎ Xiǎohóng	(n)	*马小红	*馬小紅	Ma Xiaohong (*a person's name*)	1.1
Mǎdīng	(n)	马丁	馬丁	Martin	5.2
Mǎkě Bōluó	(n)	*马可·波罗	*馬可·波羅	Marco Polo (*an Italian name*)	3.1
Mǎkè	(n)	马克	馬克	Mark	4.2
Mǎlì	(n)	玛丽	瑪麗	Mary	4.2
màn[– kuài]	(a)	慢[– 快]	慢[– 快]	slow	5.3
máng	(a)	忙	忙	busy	1.2
máoyī[jiàn]	(n)	毛衣[件]	毛衣[件]	sweater; pull-over	4.1
màozi[dǐng]	(n)	*帽子[顶]	*帽子[頂]	hat; cap	4.1
méi/méiyǒu	(ad)	没/没有	没/没有	no; not	4.3
měi	(pron/ad)	每	每	every; each	5.2
Měiguó	(n)	美国	美國	USA	3.1
Měiguórén	(n)	美国人	美國人	American (people)	3.1
mèimei	(n)	妹妹	妹妹	younger sister	4.2
mén	(m.w)	门	門	*measure word for courses*	5.2
mén[shàn]	(n)	门[扇]	門[扇]	door; gate	5.1
mínzú	(n)	*民族	*民族	nationality; nation	3.1
míngnián	(n)	明年	明年	next year	2.3
míngtiān	(n)	明天	明天	tomorrow	2.3
míngzi	(n)	名字	名字	name	1.1
Mòxīgē	(n)	*墨西哥	*墨西哥	Mexico	3.1
Mòxīgērén	(n)	*墨西哥人	*墨西哥人	Mexican (people)	3.1
nǎ	(pron)	哪	哪	which	2.3
nǎr/nǎli	(pron)	哪儿/哪里	哪兒/哪裡	where	3.2
nà	(pron)	那	那	that	3.1
nàr	(pron)	那儿	那兒	there	5.2
nán[– nǚ]	(n/a)	男[– 女]	男[– 女]	man; male	1.1
nán[– róngyì]	(a)	难[– 容易]	難[– 容易]	difficult; hard	5.2
ne	(m.p)	呢	呢	*modal particle*	1.2
nǐ	(pron)	你	你	you	1.1
nǐmen	(pron)	你们	你們	you(*pl.*)	1.1

nián	(n)	年	年	year	2.3
niàn	(v)	念	唸	read aloud	5.3
nín	(pron)	您	您	you (*polite form of* "nǐ")	1.1
Niǔyuē	(n)	*纽约	*紐約	New York	2.2
nǚ[– nán]	(n/a)	女[– 男]	女[– 男]	woman; female	1.1
pàng[– shòu]	(a)	胖[– 瘦]	胖[– 瘦]	fat (*for people*)	4.3
péngyou	(n)	朋友	朋友	friend	1.1
pí	(n)	皮	皮	leather; hide; skin	4.1
Pítè	(n)	皮特	皮特	Peter	4.2
piàoliang [– nánkàn]	(a)	漂亮[– 难看]	漂亮[– 難看]	pretty; beautiful	4.1
qī	(n.w)	七	七	seven	2.1
qīyuè	(n)	七月	七月	July	2.3
qǐ	(v)	起	起	rise; get up	2.2
qǐ chuáng		起床	起牀	get up; rise; get out of bed	2.2
qǐfēi	(v)	*起飞	*起飛	take off	2.2
qiánnián	(n)	前年	前年	the year before last year	2.3
qiántiān	(n)	前天	前天	the day before yesterday	2.3
qīngchu	(a)	清楚	清楚	clear	5.3
qǐng	(v)	请	請	please; pray; invite	1.1
Qǐng chūqu!		*请出去!	*請出去!	Please get out!	1.3
Qǐng dǎ kāi shū!		*请打开书!	*請打開書!	Please open (your) books!	1.3
Qǐng hé shang shū!		*请合上书!	*請合上書!	Please close (your) books!	1.3
Qǐng jǔ shǒu!		*请举手!	*請舉手!	Please raise (your) hands!	1.3
Qǐng ná chū bǐ lái!		*请拿出笔来!	*請拿出筆來!	Please take out (your) pens!	1.3
Qǐng ná chū zhǐ lái!		*请拿出纸来!	*請拿出紙來!	Please take out (your) paper!	1.3
Qǐng zhàn qǐlai!		*请站起来!	*請站起來!	Please stand up!	1.3
Qǐng jìn!		*请进!	*請進!	Please come in!	1.3

qǐng wèn		请问	請問	May I ask? Excuse me, but ...	1.3
Qǐng zuò!		*请坐!	*請坐!	Please sit down!	1.3
qiúxié [zhī, shuāng]	(n)	*球鞋 [只,双]	*球鞋 [隻,雙]	gym shoes; tennis shoes; sneakers	4.1
qù[− lái]	(v)	去[− 来]	去[− 來]	go	5.2
qùnián	(n)	去年	去年	last year	2.3
qúnzi[tiáo]	(n)	裙子[条]	裙子[條]	skirt	4.1
ràng	(v)	让	讓	let; ask	5.3
rè[− lěng]	(a)	热[− 冷]	熱[− 冷]	hot	2.3
rén	(n)	人	人	person; people	3.1
rènshi	(v)	认识	認識	know; recognize; identify	1.1
rènzhēn	(a)	认真	認真	conscientious; serious	5.2
rì	(n)	日	日	date; day	2.3
Rìběn	(n)	日本	日本	Japan	3.1
Rìběnrén	(n)	日本人	日本人	Japanese (people)	3.1
Rìwén	(n)	日文	日文	Japanese (language)	3.1
Rìyǔ	(n)	日语	日語	Japanese (language)	3.1
róngyì[− nán]	(a)	容易[− 难]	容易[− 難]	easy	5.2
sān	(n.w)	三	三	three	2.1
sānyuè	(n)	三月	三月	March	2.3
sè	(n)	色	色	color	4.1
shàn	(m.w)	扇	扇	measure word	5.1
shàng [xīngqī/ge yuè]	(n)	上 [星期/个月]	上 [星期/個月]	last (week/month)	2.3
Shànghǎi	(n)	上海	上海	Shanghai	2.2
shàngkè	(v.o)	上课	上課	attend a class; teach a class	2.2
shàngwǔ	(n)	上午	上午	morning	2.2
shàngyī[jiàn]	(n)	上衣[件]	上衣[件]	upper garment; jacket	4.1
shǎo[− duo]	(a)	少[− 多]	少[− 多]	few; little	5.3
shéi	(pron)	谁	誰	who; whom	1.1
shēnfènzhèng	(n)	身份证	身份證	identification card; I.D. card	3.3
shēngāo	(n)	身高	身高	height	3.3

209

shénme	(pron)	什么	甚麼	what	1.1
shēng	(v)	生	生	be born; give birth to	3.3
shēngcí	(n)	生词	生詞	new word	5.3
shēngri	(n)	生日	生日	birthday	2.3
shēngwù	(n)	*生物	*生物	biology	5.2
shīzōng	(v)	*失踪	*失踪	disappear; be missing	3.3
shí	(n.w)	十	十	ten	2.1
shí'èryuè	(n)	十二月	十二月	December	2.3
shíjiān	(n)	*时间	*時間	time	2.2
shíyīyuè	(n)	十一月	十一月	November	2.3
shíyuè	(n)	十月	十月	October	2.3
shì	(v)	是	是	be	1.1
shǒu[zhī,shuāng]	(n)	手[只,双]	手[隻,雙]	hand	4.2
shòu[−pàng]	(a)	瘦[−胖]	瘦[−胖]	thin; skinny	4.3
shòuxiǎo	(a)	*瘦小	*瘦小	thin and small	4.3
shū[běn]	(n)	书[本]	書[本]	book	5.1
shùxué	(n)	数学	數學	mathematics	5.2
shuāng	(m.w)	双	雙	*measure word*; pair	4.1
shuí	(pron)	谁	誰	who; whom	1.1
shuì/shuìjiào	(v)	睡/睡觉	睡/睡覺	sleep; go to bed	2.2
shuō	(v)	说	說	say; speak	3.1
sì	(n.w)	四	四	four	2.1
sìyuè	(n)	四月	四月	April	2.3
sùshè	(n)	宿舍	宿舍	dormitory	3.2
suì	(n)	岁	歲	age	3.2
suìshu	(n)	岁数	歲數	age (*formal*)	3.2
tā	(pron)	他	他	he; him	1.1
tā	(pron)	她	她	she; her	1.1
tāmen	(pron)	他们	他們	they; them	5.1
tāmen	(pron)	她们	她們	they; them (*female*)	5.1
tái	(m.w)	台	臺	*measure word*	5.1
Táiběi		*台北	*台北	Taipei	2.2
Táiwān		*台湾	*台灣	Taiwan	2.2
tài	(ad)	太	太	too; too much; excessively	4.2

tàitai	(n)	太太	太太	Mrs.; wife	3.2
téng	(v)	疼	疼	ache; hurt; pain	4.2
tǐzhòng	(n)	*体重	*體重	body weight	3.3
tǐyù	(n)	体育	體育	physical education or training	5.2
tiān	(n)	天	天	day; sky; heaven	2.3
tiānqì	(n)	*天气	*天氣	weather	2.3
Tiánzhōng	(n)	*田中	*田中	Tanaka (*a Japanese name*)	3.1
tiáo	(m.w)	条	條	*measure word*	4.1
tīng	(v)	听	聽	listen	5.3
tóngxué	(n)	同学	同學	classmate; schoolmate	3.1
tóu	(n)	头	頭	head	4.2
tóufa[gēn]	(n)	头发[根]	頭髮[根]	hair (on human head)	4.2
túshūguǎn	(n)	图书馆	圖書館	library	5.3
tuǐ[tiáo]	(n)	腿[条]	腿[條]	leg	4.2
wàzi[zhī,shuāng]	(n)	袜子[只,双]	襪子[隻,雙]	sock	4.1
wàiyǔ	(n)	*外语	*外語	foreign language	5.1
wǎn[-zǎo]	(a)	晚[-早]	晚[-早]	late; evening	2.2
wǎnān		*晚安	*晚安	good night; good evening	1.2
wǎnshang[-zǎoshang]	(n)	晚上[-早上]	晚上[-早上]	evening	2.2
Wáng Guìshēng	(n)	王贵生	王貴生	Wang Guisheng (*a person's name*)	1.1
wèi	(m.w)	位	位	*measure word for people*	1.1
wén	(n)	文	文	language (*written*)	3.1
wénxué	(n)	文学	文學	literature	5.2
wèn	(v)	问	問	ask	1.1
wèntí	(n)	问题	問題	question; problem	5.2
wǒ	(pron)	我	我	I; me	1.1
wǒmen	(pron)	我们	我們	we; us	1.2
wǔ	(n.w)	五	五	five	2.1
wǔxiū	(n)	*午休	*午休	noon nap; siesta	5.2
wǔyuè	(n)	五月	五月	May	2.3

211

wùlǐ	(n)	物理	物理	physics	5.2
Xī'ān	(n)	*西安	*西安	Xi'an	2.2
Xībānyá	(n)	*西班牙	*西班牙	Spain	3.1
Xībānyárén	(n)	*西班牙人	*西班牙人	Spanish (people)	3.1
Xībānyáwén	(n)	*西班牙文	*西班牙文	Spanish (language)	3.1
Xībānyáyǔ	(n)	*西班牙语	*西班牙語	Spanish (language)	3.1
Xīyǎtú	(n)	*西雅图	*西雅圖	Seattle	2.2
xǐhuan	(v)	喜欢	喜歡	like; be fond of	5.2
xì	(n)	*系	*系	department; faculty	5.1
xì [-cū]	(a)	细[-粗]	細[-粗]	thin (*in breadth*); slender; fine	4.2
xià(xīngqī/ge yuè)	(n)	下(星期/个月)	下(星期/個月)	next (week, month)	2.3
xiàkè	(v.o)	下课	下課	get off class; dismiss class	2.2
xiàwǔ	(n)	下午	下午	afternoon	2.2
xiānsheng	(n)	先生	先生	Mr.; sir; gentleman; husband	1.1
xiànzài	(n)	现在	現在	now; nowadays	3.2
Xiānggǎng	(n)	*香港	*香港	Hong Kong	2.2
xiǎo [-dà]	(a)	小[-大]	小[-大]	small; little	1.1
xiǎojie	(n)	小姐	小姐	miss; young lady	1.1
xiǎotuǐ [tiáo]	(n)	小腿[条]	小腿[條]	shank; crus	4.2
xiē	(m.w)	些	些	*measure word*; some; a few	5.2
xié [zhī, shuāng]	(n)	鞋[只,双]	鞋[隻,雙]	shoe	4.1
xiě	(v)	写	寫	write	5.3
XièLì	(n)	*谢丽	*謝麗	Xie Li (a person's name)	1.1
xièxie	(v)	谢谢	謝謝	thank; thanks	2.2
xīn [-jiù/lǎo]	(a)	新[-旧/老]	新[-舊/老]	new	5.1
xīngqī	(n)	星期	星期	week	2.3
xīngqī'èr	(n)	星期二	星期二	Tuesday	2.3
xīngqīliù	(n)	星期六	星期六	Saturday	2.3
xīngqīsān	(n)	星期三	星期三	Wednesday	2.3
xīngqīsì	(n)	星期四	星期四	Thursday	2.3

xīngqītiān/rì	(n)	星期天/日	星期天/日	Sunday	2.3
xīngqīwǔ	(n)	星期五	星期五	Friday	2.3
xīngqīyī	(n)	星期一	星期一	Monday	2.3
xìng	(n/v)	姓	姓	surname; one's surname is ...	1.1
xìngbié	(n)	性别	性別	sex	3.3
xué/xuéxí	(v)	学/学习	學/學習	learn; study	3.1
xuéqī	(n)	学期	學期	semester; term	5.2
xuésheng	(n)	学生	學生	student	3.2
xuéxiào	(n)	学校	學校	school	5.2
yánsè/sè	(n)	颜色/色	顏色/色	color	4.1
yǎnjing [zhī, shuāng]	(n)	眼/眼睛 [只,双]	眼/眼睛 [隻,雙]	eye	4.2
yǎnjìng[fù]	(n)	*眼镜[副]	*眼鏡[副]	glasses; spectacles	4.1
yāo	(n)	腰	腰	waist	4.2
yào … le		*要…了	*要…了	be going to; be about to	1.2
yě	(ad)	也	也	also; too	1.2
yī	(n.w)	一	一	one	2.1
yīyuè	(n)	一月	一月	January	2.3
yígòng	(ad)	一共	一共	altogether; in all	5.1
yíxiàr	(ad)	一下儿	一下兒	briefly; for a while	1.1
yǐzi[bǎ]	(n)	椅子[把]	椅子[把]	chair	5.1
Yìdàlì	(n)	*意大利	*意大利	Italy	3.1
Yìdàlìrén	(n)	*意大利人	*意大利人	Italian (people)	3.1
Yìdàlìwén	(n)	*意大利文	*意大利文	Italian (language)	3.1
Yìdàlìyǔ	(n)	*意大利语	*意大利語	Italian (language)	3.1
yìqǐ	(ad)	一起	一起	together	5.2
yìsi	(n)	意思	意思	meaning	5.2
Yìndù	(n)	*印度	*印度	India	3.1
Yìndùníxīyà	(n)	*印度尼西亚	*印度尼西亞	Indonesia	3.1
Yìndùníxīyàrén	(n)	*印度尼西亚人	*印度尼西亞人	Indonesian (people)	3.1
Yìndùníxīyàwén	(n)	*印度尼西亚文	*印度尼西亞文	Indonesian (language)	3.1
Yìndùníxīyàyǔ	(n)	*印度尼西	*印度尼西	Indonesian (language)	3.1

		亚语	亞語		
Yìndùrén	(n)	*印度人	*印度人	Indian (people)	3.1
Yìndùwén	(n)	*印度文	*印度文	Indian (language)	3.1
Yìndùyǔ	(n)	*印度语	*印度語	Indian (language)	3.1
Yīngguó	(n)	*英国	*英國	English; Great Britain	3.1
Yīngguórén	(n)	*英国人	*英國人	English (people)	3.1
Yīngwén	(n)	*英文	*英文	English (language)	3.1
Yīngyǔ	(n)	*英语	*英語	England (language)	3.1
yǒu	(v)	有	有	have; there be	2.3
yǒudiǎnr	(ad)	有点儿	有點兒	a bit; somewhat	2.3
yǒushíhou		*有时候	*有時候	sometimes	5.3
yǒuyìsi		有意思	有意思	interesting	5.2
yòu…yòu		又…又…	又…又…	both ... and	4.3
yòu	(ad)	又	又	again	4.3
yǔ/yǔyán	(n)	语/语言	語/語言	language	3.1
yǔfǎ	(n)	语法	語法	grammar	5.2
yuè	(n)	月	月	month; moon	2.3
Yuènán	(n)	*越南	*越南	Vietnam	3.1
Yuènánrén	(n)	*越南人	*越南人	Vietnamese (people)	3.1
Yuènánwén	(n)	*越南文	*越南文	Vietnamese (language)	3.1
Yuènányǔ	(n)	*越南语	*越南語	Vietnamese (language)	3.1
zài	(ad)	再	再	again; once more	1.2
zài	(prep/v)	在	在	in; at; on; upon; be in, at, on, upon	3.2
zàijiàn	(v)	再见	再見	goodbye; see you again	1.2
zǎo[-wǎn]	(n/a)	早[-晚]	早[-晚]	morning; early	1.2
zǎoshang [-wǎnshang]	(n)	早上[-晚上]	早上[-晚上]	(early) morning	2.2
zěnmeyàng	(pron)	怎么样	怎麼樣	how; how about; how's going?	2.3
zhǎn	(m.w)	*盏	*盞	*measure word for lamps*	5.1
zhāng	(m.w)	张	張	*measure word*	5.1
zhe	(a.p)	*着	*著	*aspect particle*	4.1
zhè	(pron)	这	這	this	1.1
zhèng/zhèngjiàn	(n)	证/证件	證/證件	certificate	3.3

pinyin	part	simplified	traditional	english	ref
zhèngzhì	(n)	*政治	*政治	politics; political science	5.2
zhī	(m.w)	*只	*隻	*measure word*	4.1
zhī	(m.w)	枝	枝	*measure word*	5.1
zhōng	(n)	*钟	*鐘	clock; bell; time	2.2
Zhōngguó	(n)	中国	中國	China (the Middle Kingdom)	3.1
Zhōngguórén	(n)	中国人	中國人	Chinese (people)	3.1
Zhōngwén	(n)	中文	中文	Chinese (language)	3.1
zhōngwǔ	(n)	中午	中午	noon	2.2
zhù	(v)	住	住	live; dwell	3.2
zhùzhǐ	(n)	住址	住址	address	3.3
zhǔnbèi	(v)	准备	準備	prepare; get ready	5.3
zhuōzi[zhāng]	(n)	桌子[张]	桌子[张]	table; desk	5.1
zǐ	(a)	*紫	*紫	purple	4.1
zì	(n)	字	字	character (Chinese)	5.3
zìjǐ	(pron)	*自己	*自己	self	5.3
zōngsè	(n)	棕色	棕色	brown color	4.3
zǒng/zǒngshì	(ad)	*总/总是	*總/總是	always	5.3
zuǐ/zuǐba[zhāng]	(n)	嘴/嘴巴[张]	嘴/嘴巴[張]	mouth	4.2
zuì	(ad)	最	最	most; -est (*for superlative degree*)	4.2
zuótiān	(n)	昨天	昨天	yesterday	2.3
zuò	(v)	作	作	do; make	5.3

Appendix 2: Vocabulary (English-ordered)

English	Pinyin		Character	Character	Lesson
a bit; somewhat	yǒudiǎnr	(ad)	有点儿	有點兒	2.3
ache; hurt; pain	téng	(v)	疼	疼	4.2
add	jiā[–jiǎn]	(v)	*加[–减]	*加[–減]	2.1
address	zhùzhǐ	(n)	住址	住址	3.3
afternoon	xiàwǔ	(n)	下午	下午	2.2
again	yòu	(ad)	又	又	4.3
again; once more	zài	(ad)	再	再	1.2
age	suì	(n)	岁	歲	3.2
age (formal)	suìshu	(n)	岁数	歲數	3.2
air conditioner	kōngtiáojī[tái]	(n)	*空调机[台]	*空調機[臺]	5.1
airplane; aircraft	fēijī[jià]	(n)	*飞机[架]	*飛機[架]	2.2
also; too	yě	(ad)	也	也	1.2
altogether, in all	yígòng	(ad)	一共	一共	5.1
always	zǒng/zǒngshì	(ad)	*总/总是	*總/總是	5.3
American (people)	Měiguórén	(n)	美国人	美國人	3.1
and, with	hé	(conj, prep)	和	和	4.3
Anna	Ānnà	(n)	安娜	安娜	1.1
Anna Lee	Ānnà Lǐ	(n)	安娜·李	安娜·李	3.3
April	sìyuè	(n)	四月	四月	2.3
arrive; arrival	dàodá	(v/n)	*到达	*到達	2.2
ask	wèn	(v)	问	問	1.1
aspect particle	zhe	(a.p)	*着	*著	4.1
attend a class; teach a class	shàngkè	(v.o)	上课	上課	2.2
August	bāyuè	(n)	八月	八月	2.3

English	Pinyin	POS	简体	繁體	Ref
Australia	Àodàlìyà	(n)	*澳大利亚	*澳大利亞	3.1
Australian	Àodàlìyàrén	(n)	*澳大利亚人	*澳大利亞人	3.1
be	shì	(v)	是	是	1.1
be born	chūshēng/shēng		出生/生	出生/生	3.3
be born; give birth to	shēng	(v)	生	生	3.3
be equal to	děngyú		*等于	*等於	2.1
be going to; be about to	yào…le		*要…了	*要…了	1.2
bed	chuáng[zhāng]	(n)	床[张]	牀[張]	2.3
Beijing	Běijīng	(n)	北京	北京	2.2
big; large; old (age)	dà[－xiǎo]	(a)	大［－小］	大［－小］	3.2
biology	shēngwù	(n)	*生物	*生物	5.2
birthday	shēngri	(n)	生日	生日	2.3
black; dark	hēi	(a)	黑	黑	4.1
blackboard	hēibǎn[kuài]	(n)	黑板[块]	黑板[塊]	5.1
blackboard eraser	hēibǎnshuā	(n)	黑板刷	黑板刷	5.1
blue	lán	(a)	蓝	藍	4.1
body weight	tǐzhòng	(n)	*体重	*體重	3.3
book	shū[běn]		书[本]	書[本]	5.1
borrow; loan	jiè	(v)	借	借	5.3
both … and	yòu…yòu…		又…又…	又…又…	4.3
both; all; inclusively	dōu	(ad)	都	都	1.2
briefly; for a while	yíxiàr	(ad)	一下儿	一下兒	1.1
brown color	zōngsè	(n)	棕色	棕色	4.3
busy	máng	(a)	忙	忙	1.2
but; however	kěshì	(conj)	可是	可是	3.1
call; be called	jiào	(v)	叫	叫	1.1
Canada	Jiānádà	(n)	*加拿大	*加拿大	3.1
Canadian	Jiānnádàrén	(n)	*加拿大人	*加拿大人	3.1
centimeter	gōngfēn	(m.w)	*公分	*公分	3.3
certificate	zhèng/zhèngjiàn	(n)	证/证件	證/證件	3.3
chair	yǐzi[bǎ]	(n)	椅子[把]	椅子[把]	5.1
character (Chinese)	zì	(n)	字	字	5.3
chemistry	huàxué	(n)	化学	化學	5.2
Chen Xiaolai	Chén Xiǎolái	(n)	陈小来	陳小來	1.1

China (the Middle Kingdom)	Zhōngguó	(n)	中国	中國	3.1
Chinese (language)	Hànyǔ	(n)	汉语	漢語	1.1
Chinese (language)	Zhōngwén	(n)	中文	中文	3.1
Chinese (people)	Zhōngguórén	(n)	中国人	中國人	3.1
Chinese character	Hànzì	(n)	汉字	漢字	5.3
city	chéngshì	(n)	城市	城市	2.2
class; lesson	kè	(n)	课	課	2.2
class; squad	bān	(n)	班	班	4.1
classmate; schoolmate	tóngxué	(n)	同学	同學	3.1
classroom	jiàoshì	(n)	教室	教室	5.1
clear	qīngchu	(a)	清楚	清楚	5.3
clock; bell; time	zhōng	(n)	*钟	*鐘	2.2
cold	lěng[-rè]	(a)	冷[-热]	冷[-熱]	2.3
color	sè	(n)	色	色	4.1
color	yánsè/sè	(n)	颜色/色	顏色/色	4.1
come	lái[-qù]	(n)	来[-去]	來[-去]	1.1
conscientious; serious	rènzhēn	(a)	认真	認真	5.2
cooked rice; meal; food	fàn	(n)	饭	飯	2.2
correct; right	duì[-cuò]	(a)	对[-错]	對[-錯]	5.3
country; state; nation	guó/guójiā	(n)	*国/国家	*國/國家	3.1
dad; papa; father	bàba	(n)	爸爸	爸爸	3.2
date; day	rì	(n)	日	日	2.3
David	Dàwèi	(n)	大卫	大衛	1.1
day of the month; number	hào	(n)	号	號	2.3
day; sky; heaven	tiān	(n)	天	天	2.3
December	shí'èryuè	(n)	十二月	十二月	2.3
department; faculty	xì	(n)	*系	*系	5.1
difficult; hard	nán[-róngyì]	(a)	难[-容易]	難[-容易]	5.2
disappear; be missing	shīzōng		*失踪	*失踪	3.3
do; make	zuò	(v)	作	作	5.3
door; gate	mén[shàn]	(n)	门[扇]	門[扇]	5.1
dormitory	sùshè	(n)	宿舍	宿舍	3.2
ear	ěrduo	(n)	耳/耳朵	耳/耳朵	4.2

English	Pinyin	Type	Simplified	Traditional	Lesson
	[zhī, shuāng]		[只, 双]	[隻, 雙]	
easy	róngyì[– nán]	(a)	容易[– 难]	容易[– 難]	5.2
eat; dine	chī	(v)	吃	吃	2.2
eight	bā	(n.w)	八	八	2.1
elder brother	gēge	(n)	哥哥	哥哥	4.2
elder sister	jiějie	(n)	姐姐	姐姐	4.2
England; Great Britain	Yīngguó	(n)	英国	英國	3.1
English (language)	Yīngwén	(n)	英文	英文	3.1
English (people)	Yīngguórén	(n)	英国人	英國人	3.1
English (language)	Yīngyǔ	(n)	英语	英語	3.1
evening	wǎnshang	(n)	晚上	晚上	2.2
	[– zǎoshang]		[– 早上]	[– 早上]	
every; each	měi	(pron/ad)	每	每	5.2
examination; test	kǎoshì	(n/v)	考试	考試	5.3
example	lì	(n)	例	例	2.1
exercise; practice	liànxí	(n)	练习	練習	5.3
explain; speak	jiǎng	(v)	讲	講	5.3
extremely	fēicháng	(ad)	非常	非常	2.3
eye	yǎnjing	(n)	眼/眼睛	眼/眼睛	4.2
	[zhī, shuāng]		[只, 双]	[隻, 雙]	
Fang Jie (a person's name)	Fāng Jiè	(n)	方介	方介	1.1
fast; quick; rapid	kuài[– màn]	(a)	快[– 慢]	快[– 慢]	5.3
fat (for people)	pàng[– shòu]	(a)	胖[– 瘦]	胖[– 瘦]	4.3
February	èryuè	(n)	二月	二月	2.3
feel; think; consider	juéde	(v)	觉得	覺得	5.2
few; little	shǎo[– duō]	(a)	少[– 多]	少[– 多]	5.3
five	wǔ	(n.w)	五	五	2.1
fluent	liúlì	(a)	流利	流利	5.3
fly	fēi	(v)	*飞	*飛	2.2
foot	jiǎo[zhī, shuāng]	(n)	脚[只, 双]	腳[隻, 雙]	4.2
for; to; give	gěi	(prep/v)	给	給	5.3
Ford	Fútè	(n)	福特	福特	5.2
foreign language	wàiyǔ	(n)	*外语	*外語	5.1
foreign student; overseas	liúxuéshēng	(n)	留学生	留學生	3.3

219

student					
four	sì	(n.w)	四	四	2.1
France	Fǎguó	(n)	法国	法國	3.1
French (language)	Fǎwén	(n)	法文	法文	3.1
French (language)	Fǎyǔ	(n)	法语	法語	3.1
French (people)	Fǎguórén	(n)	法国人	法國人	3.1
Friday	xīngqīwǔ	(n)	星期五	星期五	2.3
friend	péngyou	(n)	朋友	朋友	1.1
from	cóng	(prep)	从	從	5.2
from ... to	cóng...dào	(prep)	从...到	從...到	5.2
geography	dìlǐ	(n)	*地理	*地理	5.2
German (language)	Déwén	(n)	德文	德文	3.1
German (language)	Déyǔ	(n)	德语	德語	3.1
German (people)	Déguórén	(n)	德国人	德國人	3.1
Germany	Déguó	(n)	德国	德國	3.1
get off class; dismiss class	xiàkè	(v.o)	下课	下課	2.2
get up; rise; get out of bed	qǐchuáng		起床	起牀	2.2
get; acquire; obtain	dé	(v)	*得	*得	2.1
glasses; spectacles	yǎnjìng[fù]	(n)	*眼镜[副]	*眼鏡[副]	4.1
go	qù[lái]	(v)	去[-来]	去[-來]	5.2
gold (color)	jīn(sè)	(n)	金(色)	金色	4.3
good night; good evening	wǎn'ān		*晚安	*晚安	1.2
good; fine; nice; well	hǎo[-huài]	(a)	好[-坏]	好[-壞]	1.1
goodbye; see you again	zàijiàn	(v)	再见	再見	1.2
grammar	yǔfǎ	(n)	语法	語法	5.2
green	lǜ	(a)	绿	綠	4.1
grey	huī	(a)	*灰	*灰	4.1
Guangzhou	Guǎngzhōu	(n)	*广州	*廣州	2.2
Guilin	Guìlín	(n)	*桂林	*桂林	2.2
gym shoes; tennis shoes; sneakers	qiúxié [zhī,shuāng]	(n)	*球鞋[只,双]	*球鞋[隻,雙]	4.1
hair (on human head)	tóufa[gēn]	(n)	头发[根]	頭髮[根]	4.2
half	bàn	(n.w)	半	半	2.2

English	Pinyin	POS	Simplified	Traditional	Lesson
hand	shǒu[zhī, shuāng]	(n)	手[只,双]	手[只,雙]	4.2
hat; cap	màozi[dǐng]	(n)	*帽子[顶]	*帽子[頂]	4.1
have; there be	yǒu	(v)	有	有	2.3
he; him	tā	(pron)	他	他	1.1
head	tóu	(n)	头	頭	4.2
height	shēngāo	(n)	*身高	*身高	3.3
height; stature; build	gèzi	(n)	个子	個子	4.3
Helen Green	Hǎilún Gélín	(n)	海伦·格林	海倫·格林	5.2
help; aid; assist	bāng/bāngzhu	(v/n)	帮/帮助	幫/幫助	5.3
history	lìshǐ	(n)	历史	歷史	5.2
homework; schoolwork	gōngkè	(n)	*功课	*功課	5.3
hot	rè[−lěng]	(a)	热[−冷]	熱[−冷]	2.3
home; house; family	jiā	(n)	家	家	3.2
Hong Kong	Xiānggǎng		*香港	*香港	2.2
how many; how much	duōshao	(pron)	多少	多少	2.1
how many; how much; several	jǐ	(pron)	几	幾	2.1
how old; how big	duō dà		多大	多大	3.2
how; how about; how's going?	zěnmeyàng	(pron)	怎么样	怎麼樣	2.3
hundred	bǎi	(n.w)	百	百	2.1
I; me	wǒ	(pron)	我	我	1.1
identification card; I.D. card	shēnfènzhèng	(n)	身份证	身份證	3.3
in the class	bānshang		班上	班上	4.1
in; at; on; upon; be in, at, on, upon	zài	(prep/v)	在	在	3.2
India	Yìndù	(n)	*印度	*印度	3.1
Indian (language)	Yìndùwén	(n)	*印度文	*印度文	3.1
Indian (language)	Yìndùyǔ	(n)	*印度语	*印度語	3.1
Indian (people)	Yìndùrén	(n)	*印度人	*印度人	3.1
Indonesia	Yìndùníxīyà	(n)	*印度尼西亚	*印度尼西亞	3.1
Indonesian (language)	Yìndùníxīyàwén	(n)	*印度尼西亚文	*印度尼西亞文	3.1

221

Indonesian (language)	Yìndùníxīyàyǔ	(n)	*印度尼西亚语	*印度尼西亞語	3.1
Indonesian (people)	Yìndùníxīyàrén	(n)	*印度尼西亚人	*印度尼西亞人	3.1
inside	lǐ	(n)	里	裡	5.1
interesting	yǒuyìsi		有意思	有意思	5.2
introduce	jièshào	(v)	介绍	介紹	1.1
Italian (language)	Yìdàlìwén	(n)	*意大利文	*意大利文	3.1
Italian (language)	Yìdàlìyǔ	(n)	*意大利语	*意大利語	3.1
Italian (people)	Yìdàlìrén	(n)	*意大利人	*意大利人	3.1
Italy	Yìdàlì	(n)	*意大利	*意大利	3.1
January	yīyuè	(n)	一月	一月	2.3
Japan	Rìběn	(n)	日本	日本	3.1
Japanese (language)	Rìwén	(n)	日文	日文	3.1
Japanese (language)	Rìyǔ	(n)	日语	日語	3.1
Japanese (people)	Rìběnrén	(n)	日本人	日本人	3.1
Juan (a Spanish name)	Hú'ān	(n)	胡安	胡安	3.1
July	qīyuè	(n)	七月	七月	2.3
June	liùyuè	(n)	六月	六月	2.3
Kautsky (a Russian name)	Kǎosījī	(n)	*考斯基	*考斯基	3.1
kilogram	gōngjīn	(m.w)	*公斤	*公斤	3.3
know; recognize; identify	rènshi	(v)	认识	認識	1.1
Korea	Cháoxiǎn	(n)	*朝鲜	*朝鮮	3.1
Korea	Hánguó	(n)	*韩国	*韓國	3.1
Korean (language)	Cháoxiǎnwén	(n)	*朝鲜文	*朝鮮文	3.1
Korean (language)	Cháoxiǎnyǔ	(n)	*朝鲜语	*朝鮮語	3.1
Korean (language)	Hánguówén	(n)	*韩国文	*韓國文	3.1
Korean (language)	Hánguóyǔ	(n)	*韩国语	*韓國語	3.1
Korean (people)	Cháoxiǎnrén	(n)	*朝鲜人	*朝鮮人	3.1
Korean (people)	Hánguórén	(n)	*韩国人	*韓國人	3.1
lack; bad	chà	(v/a)	差	差	2.2
lamp; light	dēng[zhǎn]	(n)	*灯[盏]	*燈[盞]	5.1

language	yǔ/yǔyán	(n)	语/语言	語/語言	3.1
language (written)	wén	(n)	文	文	3.1
last (week/month)	shàng (xīngqī/ge yuè)	(n)	上(星期/个月)	上(星期/個月)	2.3
last year	qùnián	(n)	去年	去年	2.3
late; evening	wǎn[-zǎo]	(a)	晚[-早]	晚[-早]	2.2
learn; study	xué/xuéxí	(v)	学/学习	學/學習	3.1
leather; hide; skin	pí	(n)	皮	皮	4.1
leg	tuǐ[tiáo]	(n)	腿[条]	腿[條]	4.2
let; ask	ràng	(v)	让	讓	5.3
Li Xin (a person's name)	Lǐ Xīn	(n)	李新	李新	5.2
library	túshūguǎn	(n)	图书馆	圖書館	5.3
like; be fond of	xǐhuan	(v)	喜欢	喜歡	5.2
Lili	Lìlì	(n)	莉莉	莉莉	4.2
listen	tīng	(v)	听	聽	5.3
literature	wénxué	(n)	文学	文學	5.2
live; dwell	zhù	(v)	住	住	3.2
long	cháng[-duǎn]	(a)	长[-短]	長[短]	4.2
look; watch; read	kàn	(v)	看	看	5.3
Los Angeles	Luòshānjī	(n)	*洛杉矶	*洛杉磯	2.2
Ma Xiaohong (a person's name)	Mǎ Xiǎohóng	(n)	*马小红	*馬小紅	1.1
man; male	nán[-nǚ]	(n/a)	男[-女]	男[-女]	1.1
many; much	duō[-shǎo]	(a)	多[-少]	多[-少]	5.3
map	dìtú[zhāng]	(n)	地图[张]	地圖[張]	5.1
March	sānyuè	(n)	三月	三月	2.3
Marco Polo (an Italian name)	Mǎkě Bōluó	(n)	*马可·波罗	*馬可·波羅	3.1
Mark	Mǎkè	(n)	马克	馬克	4.2
Martin	Mǎdīng	(n)	马丁	馬丁	5.2
Mary	Mǎlì	(n)	玛丽	瑪麗	4.2
mathematics	shùxué	(n)	数学	數學	5.2
May I ask? Excuse me, but ...	qǐngwèn		请问	請問	1.3

May	wǔyuè	(n)	五月	五月	2.3
meaning	yìsi	(n)	意思	意思	5.2
measure word	fù	(m.w)	*副	*副	4.1
measure word	ge	(m.w)	个	個	2.3
measure word	jiàn	(m.w)	件	件	4.1
measure word	shàn	(m.w)	扇	扇	5.1
measure word	tái	(m.w)	台	臺	5.1
measure word	tiáo	(m.w)	条	條	4.1
measure word	zhāng	(m.w)	张	張	5.1
measure word	bǎ	(m.w)	把	把	5.1
measure word	zhī	(m.w)	*只	*隻	4.1
measure word	zhī	(m.w)	枝	枝	5.1
measure word for books	běn	(m.w)	本	本	5.1
measure word for courses	mén	(m.w)	门	門	5.2
measure word for floors, stories	céng	(m.w)	层	層	3.2
measure word for hats and caps	dǐng	(m.w)	*顶	*頂	4.1
measure word for lamps	zhǎn	(m.w)	*盏	*盞	5.1
measure word for people	wèi	(m.w)	位	位	1.1
measure word; a quarter of an hour	kè	(m.w)	刻	刻	2.2
measure word; pair	shuāng	(m.w)	双	雙	4.1
measure word; piece	kuài	[m.w]	块	塊	5.1
measure word; some; a few	xiē	(m.w)	些	些	5.2
Mexican (people)	Mòxīgērén	(n)	*墨西哥人	*墨西哥人	3.1
Mexico	Mòxīgē	(n)	*墨西哥	*墨西哥	3.1
midnight; in the middle of the night	bànyè	(n)	半夜	半夜	2.2
minute	fēn/fēnzhōng	(m.w/n)	分/分钟	分/分鐘	2.2
miss; young lady	xiǎojie	(n)	小姐	小姐	1.1
modal particle	ne	(m.p)	呢	呢	1.2
modal particle for confirming something	le	(part)	*了	*了	3.2

mom; mama; mother	māma	(n)	妈妈	媽媽	3.2
Monday	xīngqīyī	(n)	星期一	星期一	2.3
month; moon	yuè	(n)	月	月	2.3
morning	shàngwǔ	(n)	上午	上午	2.2
morning; early	zǎo[－wǎn]	(n/a)	早[－晚]	早[－晚]	1.2
(early) morning	zhǎoshang [－wǎnshang]	(n)	早上 [－晚上]	早上 [－晚上]	2.2
most; -est (for superlative degree)	zuì	(ad)	最	最	4.2
mouth	zuǐ/zuǐba[zhāng]	(n)	嘴/嘴巴[张]	嘴/嘴巴[張]	4.2
Mr.; sir; gentleman; husband	xiānsheng	(n)	先生	先生	1.1
Mrs.; wife	tàitai	(n)	太太	太太	3.2
multiply	chéng	(n)	*乘	*乘	2.1
name	míngzi	(n)	名字	名字	1.1
nationality	guójí	(n)	*国籍	*國籍	3.3
nationality; nation	mínzú	(n)	*民族	*民族	3.1
neck	bózi	(n)	脖子	脖子	4.2
never	cóngbù/cóngméi		*从不/从没	*從不/從沒	5.3
new	xīn[－jiù/lǎo]	(a)	新[－旧/老]	新[－舊/老]	5.1
new word	shēngcí	(n)	生词	生詞	5.3
New York	Niǔyuē	(n)	*纽约	*紐約	2.2
next (week, month)	xià (xīngqī /ge yuè)	(n)	下(星期/个月)	下(星期/個月)	2.3
next year	míngnián	(n)	明年	明年	2.3
nine	jiǔ	(n.w)	九	九	2.1
no; not	méi/méiyǒu	(ad)	没/没有	没/沒有	4.3
noon	zhōngwǔ	(n)	中午	中午	2.2
noon nap; siesta	wǔxiū	(n)	*午休	*午休	5.2
nose	bízi	(n)	鼻/鼻子	鼻/鼻子	4.2
not; no	bù	(ad)	不	不	1.1
notebook; exercise book	běnzi	(n)	本子	本子	5.1
November	shíyīyuè	(n)	十一月	十一月	2.3
now; nowadays	xiànzài	(n)	现在	現在	3.2
number (serial)	hàomǎ	(n)	号码	號碼	3.2

o'clock; point; dot	diǎn	(m.w/n)	点	點	2.2
October	shíyuè	(n)	十月	十月	2.3
often	cháng/chángcháng	(ad)	常/常常	常/常常	5.2
old	jiù[-xīn]	(a)	旧[-新]	舊[-新]	5.1
one	yī	(n.w)	一	一	2.1
or	háishì	(conj)	还是	還是	2.2
overcoat; topcoat	dàyī[jiàn]	(n)	大衣[件]	大衣[件]	4.1
pants; trousers	kùzi[tiáo]	(n)	裤子[条]	褲子[條]	4.1
pen; pencil; writing brush	bǐ[zhī]	(n)	笔[枝]	筆[枝]	5.1
person; people	rén	(n)	人	人	3.1
Peter	Pítè	(n)	皮特	皮特	4.2
physical education or training	tǐyù	(n)	*体育	*體育	5.2
physics	wùlǐ	(n)	物理	物理	5.2
pink	fěnhóng	(a)	*粉红	*粉紅	4.1
place; site; locale	dìdiǎn	(n)	地点	地點	3.3
Please close (your) books!	Qǐng hé shang shū!		*请合上书!	*請合上書!	1.3
Please come in!	Qǐng jìn!		*请进!	*請進!	1.3
Please get out!	Qǐng chū qu!		*请出去!	*請出去!	1.3
Please open (your) books!	Qǐng dǎ kāi shū!		*请打开书!	*請打開書!	1.3
Please raise (your) hands!	Qǐng jǔ shǒu!		*请举手!	*請舉手!	1.3
Please sit down!	Qǐng zuò!		*请坐!	*請坐!	1.3
Please stand up!	Qǐng zhàn qǐlai!		*请站起来!	*請站起來!	1.3
Please take out (your) paper!	Qǐng ná chū zhǐ lái!		*请拿出纸来!	*請拿出紙來!	1.3
Please take out (your) pens!	Qǐng ná chū bǐ lái!		*请拿出笔来!	*請拿出筆來!	1.3
please; pray; invite	qǐng	(v)	请	請	1.1
polite; courteous; modest	kèqi	(a/v)	*客气	*客氣	2.2

226

politics; political science	zhèngzhì	(n)	*政治	*政治	5.2
prepare; get ready	zhǔnbèi	(v)	准备	準備	5.3
pretty; beautiful	piàoliang [– nánkàn]	(a)	漂亮 [– 难看]	漂亮 [– 難看]	4.1
professor	jiàoshòu	(n)	教授	教授	5.2
public security officer	gōngānyuán	(n)	*公安员	*公安員	3.3
purple	zǐ	(a)	*紫	*紫	4.1
question; problem	wèntí	(n)	问题	問題	5.2
read aloud	niàn	(v)	念	唸	5.3
recording; record	lùyīn		*录音	*錄音	5.3
red	hóng	(ad)	红	紅	4.1
reply; answer	huídá	(v)	回答	回答	5.3
review	fùxí	(v)	复习	複習	5.3
rise; get up	qǐ	(v)	起	起	2.2
Russia	Éguó	(n)	俄国	俄國	3.1
Russian (language)	Éwén	(n)	俄文	俄文	3.1
Russian (language)	Éyǔ	(n)	俄语	俄語	3.1
Russian (people)	Éguórén	(n)	俄国人	俄國人	3.1
San Francisco (the Old Gold Mountain)	Jiùjīnshān	(n)	*旧金山	*舊金山	2.2
Saturday	xīngqīliù	(n)	星期六	星期六	2.3
say; speak	shuō	(v)	说	說	3.1
school	xuéxiào	(n)	学校	學校	5.2
Seattle	Xīyǎtú	(n)	*西雅图	*西雅圖	2.2
see; meet	jiàn	(v)	见	見	1.2
seldom; very few; very little	hěnshǎo	(ad)	*很少	*很少	5.3
self	zìjǐ	(pron)	*自己	*自己	5.3
semester; term	xuéqī	(n)	学期	學期	5.2
September	jiǔyuè	(n)	九月	九月	2.3
seven	qī	(n.w)	七	七	2.1
sex	xìngbié	(n)	性别	性別	3.3
Shanghai	Shànghǎi	(n)	上海	上海	2.2
shank; crus	xiǎotuǐ[tiáo]	(n)	小腿[条]	小腿[條]	4.2
she; her	tā	(pron)	她	她	1.1

shirt; blouse	chènshān[jiàn]	(n)	衬衫[件]	襯衫[件]	4.1
shoe	xié[zhī, shuāng]	(n)	鞋[只,双]	鞋[隻,雙]	4.1
short (length)	duǎn[-cháng]	(a)	短[-长]	短[-長]	4.2
short (one's height)	ǎi[-gāo]	(a)	矮[-高]	矮[-高]	4.3
short and small	ǎixiǎo[-gāodà]	(a)	*矮小[-高大]	*矮小[-高大]	4.3
six	liù	(n.w)	六	六	2.1
skirt	qúnzi[tiáo]	(n)	裙子[条]	裙子[條]	4.1
sleep; go to bed	shuì/shuìjiào	(v)	睡/睡觉	睡/睡覺	2.2
slow	màn[-kuài]	(a)	慢[-快]	慢[-快]	5.3
small; little	xiǎo[-dà]	(a)	小[-大]	小[-大]	1.1
sock	wàzi[zhī,shuāng]	(n)	袜子[只,双]	襪子[隻,雙]	4.1
sometimes	yǒushíhou		*有时候	*有時候	5.3
sorry; excuse me	duìbuqǐ		*对不起	*對不起	1.1
Spain	Xībānyá	(n)	*西班牙	*西班牙	3.1
Spanish (language)	Xībānyáwén	(n)	*西班牙文	*西班牙文	3.1
Spanish (language)	Xībānyáyǔ	(n)	*西班牙语	*西班牙語	3.1
Spanish (people)	Xībānyárén	(n)	*西班牙人	*西班牙人	3.1
spoken language; colloquialism	kǒuyǔ	(n)	*口语	*口語	5.2
stomach	dùzi	(n)	肚子	肚子	4.2
storied building; floor	lóu	(n)	*楼	*樓	3.2
structural particle	de	(s.p)	的	的	1.1
structural particle	de	(s.p)	得	得	5.3
student	xuésheng	(n)	学生	學生	3.2
subtract	jiǎn[-jiā]	(v)	*减[-加]	*減[-加]	2.1
Sunday	xīngqītiān/rì	(n)	星期天/日	星期天/日	2.3
surname	Dīng	(n)	丁	丁	1.1
surname; one's surname is ...	xìng	(n/v)	姓	姓	1.1
sweater; pull-over	máoyī[jiàn]	(n)	毛衣[件]	毛衣[件]	4.1
table; desk	zhuōzi[zhāng]	(n)	桌子[张]	桌子[張]	5.1
Taipei	Táiběi		*台北	*台北	2.2
Taiwan	Táiwān		*台湾	*台灣	2.2
take off	qǐfēi	(v)	*起飞	*起飛	2.2

English	Pinyin	Type	Simplified	Traditional	Ref
tall and big	gāodà[－ǎixiǎo]	(a)	*高大[－矮小]	*高大[－矮小]	4.3
tall; high	gāo[－ǎi]	(a)	高[－矮]	高[－矮]	4.2
Tanaka (a Japanese name)	Tiánzhōng	(n)	*田中	*田中	3.1
teach	jiāo	(v)	教	教	5.2
teacher; instructor	lǎoshī	(n)	老师	老師	1.1
telephone	diànhuà[bù]	(n)	电话[部]	電話[部]	3.2
ten	shí	(n.w)	十	十	2.1
text	kèwén[piān]	(n)	课文[篇]	課文[篇]	5.3
thank; thanks	xièxie	(v)	谢谢	謝謝	2.2
that	nà	(pron)	那	那	3.1
the day after tomorrow	hòutiān	(n)	后天	後天	2.3
the day before yesterday	qiántiān	(n)	前天	前天	2.3
the prefix for ordinary numbers	dì	(prefix)	第	第	2.1
the year after next year	hòunián	(n)	后年	後年	2.3
the year before last year	qiánnián	(n)	前年	前年	2.3
there	nàr	(pron)	那儿	那兒	5.2
they; them	tāmen	(pron)	他们	他們	5.1
they; them (female)	tāmen	(pron)	她们	她們	5.1
thigh	dàtuǐ[tiáo]	(n)	大腿[条]	大腿[條]	4.2
thin (in breadth); slender; fine	xì[－cū]	(a)	细[－粗]	細[－粗]	4.2
thin and small	shòuxiǎo	(a)	*瘦小	*瘦小	4.3
thin; skinny	shòu[－pàng]	(a)	瘦[－胖]	瘦[胖]	4.3
this	zhè	(pron)	这	這	1.1
this year	jīnnián	(n)	今年	今年	2.3
three	sān	(n.w)	三	三	2.1
Thursday	xīngqīsì	(n)	星期四	星期四	2.3
tie	lǐngdài[tiáo]	(n)	*领带[条]	*領帶[條]	4.1
time	shíjiān	(n)	*时间	*時間	2.2
to; arrive	dào	(prep/v)	*到	*到	2.2
today	jīntiān	(n)	今天	今天	2.3
together	yìqǐ	(ad)	一起	一起	5.2

tomorrow	míngtiān	(n)	明天	明天	2.3
too; too much; excessively	tài	(ad)	太	太	4.2
Tuesday	xīngqī'èr	(n)	星期二	星期二	2.3
two	èr	(n.w)	二	二	2.1
two (which goes with measure words)	liǎng	(n.w)	两	兩	2.1
university	dàxué	(n)	大学	大學	3.3
upper garment; jacket	shàngyī[jiàn]	(n)	上衣[件]	上衣[件]	4.1
USA	Měiguó	(n)	美国	美國	3.1
VCR recording	lùxiàng/lùyǐng	(n)	*录像/录影	*錄像/錄影	5.3
very	hěn	(ad)	很	很	1.2
Vietnam	Yuènán	(n)	*越南	*越南	3.1
Vietnamese (language)	Yuènánwén	(n)	*越南文	*越南文	3.1
Vietnamese (language)	Yuènányǔ	(n)	*越南语	*越南語	3.1
Vietnamese (people)	Yuènánrén	(n)	*越南人	*越南人	3.1
waist	yāo	(n)	腰	腰	4.2
Wang Guisheng (a person's name)	Wáng Guìshēng	(n)	王贵生	王貴生	1.1
watch	biǎo	(n)	表[只]	錶[隻]	2.2
we; us	wǒmen	(pron)	我们	我們	1.2
wear; put on (accessories)	dài	(v)	*戴	*戴	4.1
wear; put on (clothes, shoes, socks)	chuān	(v)	穿	穿	4.1
weather	tiānqì	(n)	*天气	*天氣	2.3
Wednesday	xīngqīsān	(n)	星期三	星期三	2.3
week	xīngqī	(n)	星期	星期	2.3
what	shénme	(pron)	什么	甚麼	1.1
What's your noble surname?	guìxìng		贵姓	貴姓	1.1
where	nǎr/nǎlǐ	(pron)	哪儿/哪里	哪兒/哪裡	3.2
which	nǎ	(pron)	哪	哪	2.3
white	bái	(a)	白	白	4.1
White	Huáitè	(n)	怀特	懷特	5.2

who; whom	shéi	(pron)	谁	誰	1.1
who; whom	shuí	(pron)	谁	誰	1.1
wide; thick (in diameter); coarse	cū[– xì]	(a)	粗[– 细]	粗[– 細]	4.2
window	chuāng [shàn/gè]	(n)	窗[扇/个]	窗[扇/個]	5.1
with; follow	gēn	(prep/v)	跟	跟	5.2
woman; female	nǚ[– nán]	(n/a)	女[– 男]	女[– 男]	1.1
word	cí	(n)	词	詞	5.3
write	xiě	(v)	写	寫	5.3
Xi'an	Xī'ān	(n)	*西安	*西安	2.2
Xie Li (a person's name)	Xiè Lì	(n)	*谢丽	*謝麗	1.1
year	nián	(n)	年	年	2.3
yellow	huáng	(a)	黄	黄	4.1
"yes" or "no" question particle	ma	(part)	吗	嗎	1.1
yesterday	zuótiān	(n)	昨天	昨天	2.3
you	nǐ	(pron)	你	你	1.1
you (pl.)	nǐmen	(pron)	你们	你們	1.1
you (polite form of "nǐ")	nín	(pron)	您	您	1.1
younger brother	dìdi	(n)	弟弟	弟弟	4.2
younger sister	mèimei	(n)	妹妹	妹妹	4.2
you're welcome; don't mention it	búkèqi		不客气	不客氣	2.2
zero; nil	líng	(n.w)	○(零)	○(零)	2.1

中国地图（中國地圖）

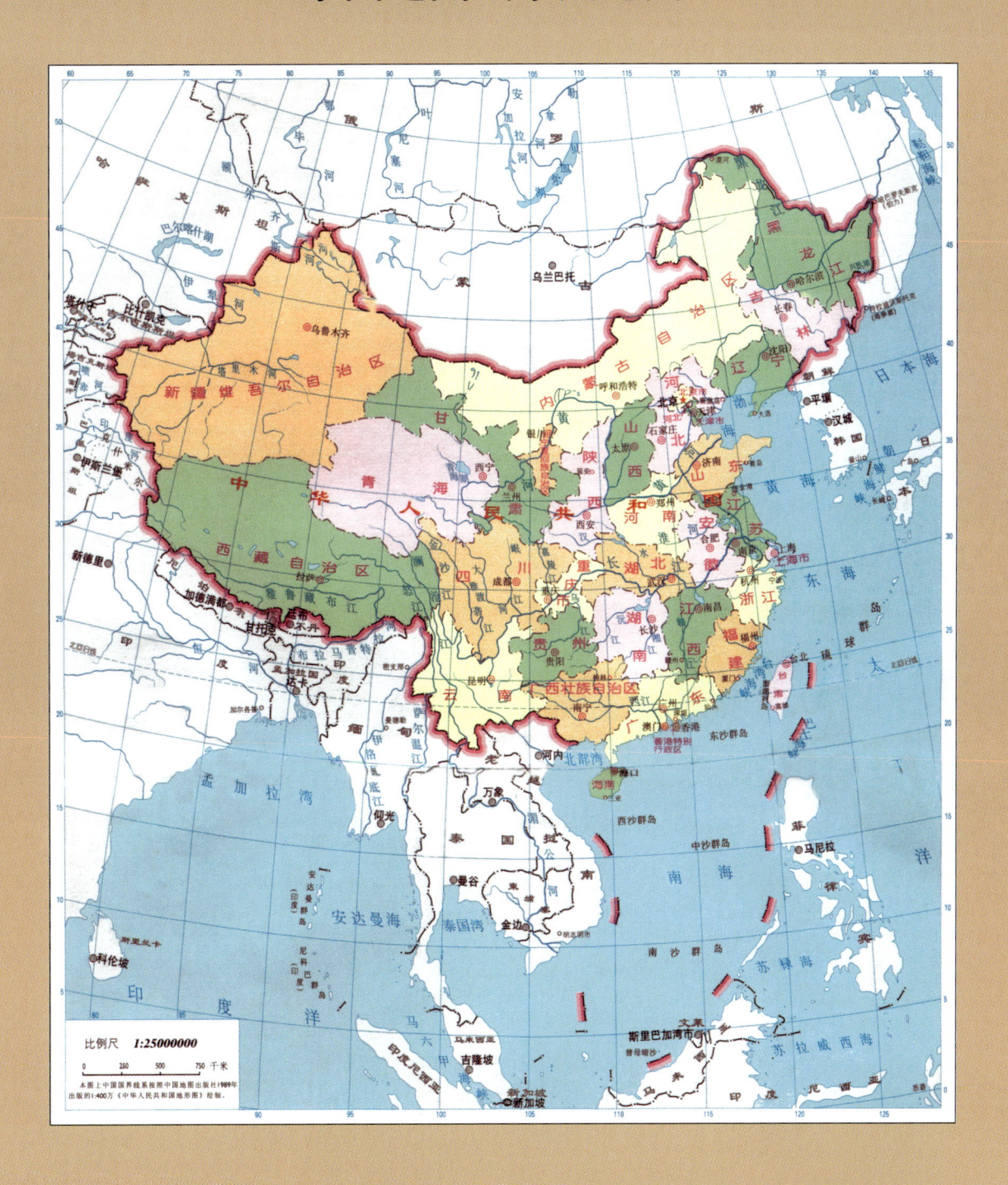